1 MONTH OF
FREE
READING

at

www.ForgottenBooks.com

By purchasing this book you are eligible for one month membership to ForgottenBooks.com, giving you unlimited access to our entire collection of over 700,000 titles via our web site and mobile apps.

To claim your free month visit:

www.forgottenbooks.com/free757974

ISBN 978-0-483-18598-2
PIBN 10757974

HISTOIRE

DES

ÉTATS-UNIS

PAR

GRÉGOIRE JEANNE.

PARIS

CHEZ F. CHAMEROT, LIBRAIRE-ÉDITEUR,

13, RUE DU JARDINET.

1856

Dacier, dans la préface de sa traduction de Plutarque, disait, promettant une traduction de la *République* et des *Lois de Platon*, et des *Politiques d'Aristote* :

« A mon âge, je ne puis guère espérer
« de finir des ouvrages si longs, si considé-
« rables et qui demandent de si profondes
« méditations; mais je ferai ce que je pour-
« rai, et j'aurai du moins la consolation de
« finir mes jours dans une occupation utile
« et digne d'un homme de bien. Quelqu'un
« a dit que c'était un beau suaire que la ty-
« rannie : mot horrible ! et moi je dis que
« le plus beau et le plus honorable de tous
« les suaires, c'est un travail entrepris pour
« le bien public. »

J'ai trente-trois ans; je suis plein de santé

et de vigueur; mais la mort ne s'arrête point à ces considérations : elle avance; elle chevauche; elle frappe en aveugle, à tort et à travers; certaine de toujours bien faire, — elle fait son œuvre. Je pourrais donc être atteint au milieu du long travail que j'entreprends. Mais ce travail est « pour l'instruc- « tion de tous, pour le bien public; » si je meurs en le faisant, eh bien, je me serai, d'après le mot de Dacier, tissu le plus beau et le plus honorable de tous les suaires.

G. J.

Paris, août 1854.

EXPOSITION.

———

L'Union américaine est la fille rivale de l'Angleterre.

Le vaste territoire sur lequel cette république
étale aux regards jaloux de tous les peuples du
monde ses richesses, son active population, sa
hautaine indépendance; cette large zone de l'A-
mérique septentrionale n'avait pas une ville,
une route, un canal il y a trois cent cinquante
ans.

Les seuls sauvages l'habitaient.

Il y a trois cent cinquante ans aussi, l'Angle- Robertson (1).
terre n'avait ni commerce, ni marine, ni industrie.

Et cependant l'Angleterre a enfanté ce peuple
d'industriels, de marins, de commerçants que
nous appelons les Anglo-Américains.

Comment a surgi cette majestueuse réalité de

_____
(1) Je donnerai plus tard une notice complète et détail-
lée de mes autorités.

cette espèce de néant? Comment ces grandes
villes sorties de terre, ce splendide réseau de
chemins et de canaux tracé? Comment cette superbe indépendance qui éclaire et réchauffe
tout notre globe conquise, gardée, florissante?

Voilà ce que nous avons entrepris de raconter
et d'expliquer : tâche trop forte, eu égard à notre
faiblesse, peut-être; mais tâche si belle, que
nous espérons, pour l'accomplir, dans une trans-
formation continuelle de nous-même.

. C'est avec une sorte de délire passionné que
nous nous sommes proposé ce travail, qui con-
tiendra bien des enseignements; c'est avec l'a-
mour le plus profond et le plus pur pour l'humanité et la vérité que nous en poursuivons
l'exécution.

Et l'amour grandit la volonté, active surabon-
damment toutes les facultés, centuple les forces,
conduit au triomphe.

Ce sujet, comme nous venons implicitement
de l'indiquer, est complexe.

Nous avons, en effet, à suivre, en Angleterre
et en Europe, le mouvement de la civilisation
moderne, la politique des gouvernements, les
causes des différentes émigrations; en Amé-

rique, la transplantation de la civilisation européenne, le progrès des colonies, leur résistance
aux prétentions du gouvernement britannique;
la guerre de l'indépendance, la proclamation de
la république.

Peut-être ce cadre sera-t-il trouvé trop large,
et dira-t-on que nous aurions dû nous borner à
déduire les raisons de la guerre de l'indépendance, pour arriver promptement à montrer la
prospérité de l'Union sous l'influence des institutions républicaines.

C'était là notre premier plan; mais nous re-
connûmes bientôt qu'il était défectueux.

Car le gouvernement démocratique des États,
avec ses singularités et ses contradictions, ne
date pas, il faut qu'on se le persuade bien, de la   De Tocqueville.
déclaration de l'indépendance par le Congrès. Il
faut remonter jusqu'à l'année 1620, c'est-à-dire
à la première émigration de puritains, pour
trouver l'établissement des institutions républicaines; et pour arriver à leur source première,
il faut de 1620 franchir encore un siècle, en ré-
trogradant : là, on les voit jaillir avec leur pu-
reté mystique et primitive des eaux troubles de
la réforme.

Donc, pour telle ou telle partie de l'histoire de

1.

la république fédérative en relation directe avec
l'histoire-coloniale, il nous aurait fallu recourir
à cette histoire des premiers établissements; et
comme ces relations sont nombreuses, fré-
quentes eussent été ces excursions dans le domaine primitif. Quand à leur tour seraient venus
les Indiens, pour expliquer telle ou telle tran-
saction, suite des traités précédant l'indépendance, il aurait fallu reprendre l'histoire des
tribus indiennes depuis la découverte de l'Amérique, ou bien surcharger sans cesse le texte de
notes, additions, appendices, une masse de ren-
vois et de digressions qui fatiguent le lecteur et
rompent la narration.

Le plus simple et le plus naturel, c'était de
prendre l'Amérique du Nord, lors des premiers
voyages; tâcher de reconstituer le monde indigène tel qu'il était à cette époque, et donner, en
tant que les documents le permettent, une es-
quisse des tribus que nous devons rencontrer
dans le cours de l'histoire; puis, cela fait, ame-
ner les Européens sur la terre d'Amérique, raconter leurs relations avec les Indiens, dire la
manière dont furent fondées les colonies, l'esprit, divers presque pour chaque établissement,
qui a présidé à ces fondations, pour arriver enfin

à l'unification de tant de corps hétérogènes qui marchent maintenant sous un seul étendard à la formation d'un empire comme il n'en exista jamais.

C'était l'histoire entière, générale, une histoire longue et difficile à faire, longue et difficile de recherches, surtout pour les commencements; mais chacune de ces difficultés préliminaires vaincue, c'est un flambeau allumé qui doit éclairer toutes les parties subséquentes.

C'est pourquoi, au lieu de nous accuser de longueur, le lecteur, c'est notre pensée, doit nous savoir gré de nos longs prolégomènes qui font que notre Histoire des États-Unis n'usurpe point son titre, mais le mérite certainement; car alors elle est complète.

Ces quelques explications données, nous entrons dans l'histoire.

PREMIÈRE PARTIE.

—

INDIENS.

LIVRE I.

ETHNOGRAPHIE DU MONDE INDIEN.

Comment l'Amérique a-t-elle été peuplée.

CHAPITRE PREMIER.

Considérations préliminaires. — Point de départ.

Dès que l'Amérique fut un peu connue, des spéculateurs de toute sorte, en aventures, en commerce, en gloire, en religion, prirent leur essor de tous les points de l'Europe vers les terres nouvelles. Les espérances s'agrandissant en proportion de la longueur du voyage, tous voyaient par delà l'Océan la satisfaction de leurs passions respectives. C'est ce qui explique l'archarnement avec lequel fut envahie de toutes parts l'Amérique septentrionale.

(1512-1549.) Les Espagnols, ne rêvant que richesses, batailles, triomphe de la croix, maîtres déjà des Caraïbes, poursuivant la conquête du Mexique, s'obstinent aussi à celle des Florides, et, sous ce nom, ils comprennent tout le continent.

(1578-1640.) Les Anglais, les Hollandais, les Suédois et les Français, voulant nouer des relations commerciales, étendre leur puissance, ou

se laissant entraîner par le courant, tentent à
l'envi de fonder des colonies, et en fondent réel-
lement sur toute la côte, depuis la Floride actuelle jusqu'à l'embouchure du Saint-Laurent.
Et à peine ces établissements sont-ils en perma-
nence que des missionnaires, remontant ce fleuve,
vont prêcher la religion du Christ aux indigènes
du pays des grands lacs et parviennent même au
Mississipi (1673), qu'ils descendirent bientôt jusqu'au golfe du Mexique (1682). Toutes les régions
de l'Union, entre l'Atlantique et le Mississipi, ont
donc été presqu'en même temps parcourues, ex-
plorées; et cela de bonne heure, avant que la
guerre ait exterminé ou dispersé les tribus.

Ces faits seraient de mince importance, si nous
n'avions les relations de tous ces voyages; mais
ces bandes d'aventuriers, ces troupes de missionnaires avaient leurs historiographes, qui nous
ont laissé de nombreuses narrations. La vérité
n'est point pure d'alliage dans ces œuvres souvent informes; mais, armé de la raison critique,
on finit toujours par la dégager des scories et
par reconnaître que ces prolixes récits n'en sont
pas moins de précieux documents : précieux, en
effet, puisqu'ils ont servi de fils conducteurs à
nos savants contemporains, les Volney, les Hum-

boldt, les Balbi, les Gallatin, les Mac-Kenney, les Schoolcraft, qui ont doté la science de leurs livres-monuments sur les langues et les nations indiennes, sur l'histoire naturelle, les accidents de la nature et tout ce qui a paru débris de fortifications et de villes détruites ou abandonnées.

Il a donc été, sinon facile, du moins possible de faire l'ethnographie des Indiens à l'est du Mississipi.

Mais les contrées occidentales, situées entre ce grand fleuve et l'océan Pacifique, ne furent point visitées dans le principe. Les Indiens de l'Est, peu à peu refoulés, par la colonisation, des bords de l'Atlantique vers l'intérieur du continent, de l'intérieur vers le Mississipi, furent enfin obligés de chercher un refuge au delà de ce prodigieux cours d'eau. Les tribus de l'Est se sont donc trouvées mêlées à celles de l'Ouest avant qu'on ait bien connu ces dernières.

C'est alors seulement sur les premières (celles d'entre l'Atlantique et le Mississipi) que nous pouvons arrêter nos regards, nos recherches, notre étude. C'est d'ailleurs celles que nous verrons continuellement en contact avec les Européens émigrés.

Plus tard, lorsque la république fondée, recon-

nue, s'élancera vers ces régions transmississi-
piennes pour les défricher et les peupler, nous
passerons le grand fleuve avec elle et nous essaie-
rons de retrouver parmi les mélanges, de ressus-
citer de leurs tombeaux les nations indiennes qui
habitaient cette immense contrée vers l'époque
de la découverte : double étude préliminaire
(celle que nous présentons maintenant au public
et celle que nous lui offrirons plus tard) qui nous
conduira tout naturellement à cette conclusion :
*Tableau de l'état actuel de la race rouge aux États-
Unis.*

Les premiers Européens qui abordèrent aux
rivages du nouveau monde se rencontrant avec
des hommes à peu près nus, armés de tomo-
hawks, articulant des accents étranges, ne vi-
rent d'abord dans ces hommes que des troupeaux d'animaux humains, suivant pour la pro-
pagation de leur espèce la simple loi de la nature,
vivant comme ils pouvaient de ce qu'ils trouvaient, absolument comme les bêtes fauves de
leurs forêts infranchies (1). Une plus longue fré-

(1) « Ces hommes, au reste, n'ont presque rien de l'homme
que le nom ; les noms mêmes en sont presque aussi barbares que les mœurs. Ils vivent sans loi, sans art, sans

quentation de ces peuples apprit aux Européens
que les Indiens, comme ils les appelaient, reconnaissaient des chefs et se battaient les uns contre
les autres ; que ces combats n'avaient point pour
cause la dispute d'une pièce de gibier ou d'un
fruit, mais de véritables différends internatio-
naux ; qu'il s'élevait parfois entre deux tribus de
longues et cruelles guerres qui ne s'éteignaient
que par l'extinction d'une des parties belligé-
rantes.

Les aventuriers européens s'étant établis au
milieu de ces sauvages enfants des bois, appri-
rent enfin que les différentes nations parlaient
différents langages, et que chaque langage était
divisé en dialectes, parce que chaque nation était
divisée en familles ou tribus.

C'est là notre point d'appui et de départ : les
peuples de l'Amérique primitive étaient, comme
les peuples de l'ancien monde, divisés en langages différents ; et comme le langage porte le nom
de la nation qui s'en sert, comme nous disons
le français, l'anglais, l'allemand, l'italien, l'es-

religion ; ils ne connaissent ni supériorité, ni subordina-
tion ; l'indépendance et la liberté font leur souverain bien. »
(Dernières découvertes dans l'Amérique septentrionale, de
M. de La Salle, page 10. Paris, 1723 ; in-12.)

pagnol, langages parlés par les Français, les Anglais, les Allemands, les Italiens, les Espagnols, de même, quand nous aurons dit qu'on parlait, à l'est du Mississipi, le wyandot, l'algonquin, le sioux, le tsallakie, le catawba, l'apalachite, l'uchi, le natchez, le lecteur pourra conclure avec nous que la population indigène de cette partie de l'Amérique du Nord se divisait en huit nations :

1° Les Wyandots, ou Hurons-Iroquois;

2° Les Algonquins, ou Chippewas;

3° Les Sioux, ou Dahcotas;

4° Les Tsallakies, ou Chérokies;

5° Les Catawbas, ou Chicoréens;

6° Les Apalachites, ou Muskogée-Chocta;

7° Les Uchis (Uches ou Uchées);

8° Les Natchez.

Chacune de ces nations se divisait, en outre, en tribus. Nous allons leur assigner leurs places sur la carte et dire ce que nous savons de leur histoire.

CHAPITRE II.

Histoire ancienne des Indiens.

Nous voudrions pouvoir remonter au principe des choses, pour en faire découler l'histoire de nos tribus indiennes ; mais aucun Moïse américain n'a écrit la Genèse du nouveau monde. Nous pourrions peut-être combler cette lacune à l'aide des traditions des tribus et des rêveries des savants. En soudant le tout ensemble au moyen d'interprétations imaginaires, on parviendrait à faire une sorte de roman historique qui pourrait se prêter à toutes les idées, à tous les systèmes. Il vaut mieux passer outre, croyons-nous, et arriver à des époques plus rapprochées, à des faits plus certains.

Ces événements que nous sommes obligé de passer sous silence ont eu lieu cependant ; cette genèse perdue dans les solitudes vierges doit avoir sa poésie naïve et saisissante, ses graves leçons ; car, d'après les géologues, le nouveau monde est aussi ancien que le vieux ; rien ne sau-

2

rait faire admettre que l'Amérique soit sortie des eaux plus tard que l'Europe, l'Asie et l'Afrique.

Humboldt. « Le globe entier paraît avoir subi les mêmes catastrophes. Dans le nouveau monde comme dans l'ancien, des générations d'espèces détruites ont précédé celles qui peuplent aujourd'hui la terre, la mer et les airs. »

Quelles générations? Comment détruites? Chateaubriand. Quand? Par quelles révolutions?... « Questions qui nous jettent dans cette immensité du passé où les siècles s'abîment comme des songes. »

Paroles plus vraies, quoique vagues, que ne le voulait Chateaubriand, lui qui, en parlant des indigènes de l'Amérique, s'est toujours arrêté devant la moindre conclusion; tant il craignait d'être obligé de conclure contre sa religion (1).

C'est que les Indiens entraînent bien loin celui qui s'occupe de leur ethnographie et de leur histoire.

Un auteur sobre en conclusions, dit School-craft, Gallatin, fait remonter l'origine des Amé-

---

(1) Que le lecteur prenne la peine de lire le *Voyage en Amérique* (fragment sans titre à la suite du journal) et le *Génie du Christianisme* (livre IV, chapitre II, intitulé : *Logographie et faits historiques*), et il se convaincra que nous n'exagérons rien.

ricains à l'époque de la dispersion des hommes ;
tandis que Schoolcraft lui-même pense que les
tribus indiennes ont habité différentes parties
du continent, non-seulement depuis des siècles,
mais probablement depuis des vingtaines de
siècles (1).

Nous reviendrons plus tard sur ces conjectures ; voyons pour l'instant les réalités historiques.

« Les Toltèques se disent chassés d'un pays ~Humboldt.~
situé au N.-O. de Rio-Gila, et appelé Huehuetlapallan. Ils portent avec eux des peintures qui
indiquent année par année les événements de
leur migration. Ils prétendent avoir quitté cette
patrie, dont la position est totalement inconnue (2), l'année 544.... »

« Les Toltèques parurent dans le Mexique, ~Humboldt.~
pour la première fois, l'an 648 ; les Chichimèques

---

(1) « The Indian tribes are of an age which is very antique... They have occupied various parts of the continent
not only for centuries, but probably for scores of centuries. An observer (Gallatin) otherwise prone to great so-
briety of conclusion, thinks they must have reached the
continent soon after the dispersion of mankind. » (Schoolcraft, I, 61-62.)

(2) « Totalement inconnue. » C'est l'opinion de Humboldt,
mais non la nôtre, comme le lecteur le verra plus loin.

en 1170, les Nahualtèques l'an 1178, et les Aztèques en 1196. »

Schoolcraft.   Les Aztèques venaient directement du nord.

Humboldt.   « La ville de Mexico n'a été fondée qu'en 1325.»

Voilà des faits que la lecture des peintures ou
hiéroglyphes des Mexicains a rendus presque incontestables.

Voici maintenant les légendes des peuples du
Nord.

La grande nation des Lenni-Lenapes habitait
des contrées occidentales très-éloignées. Traver-
sant une vaste étendue de pays, les Lenni-Le-
Heckwelder. napes arrivèrent sur les bords du Mississipi
(*Nemœsi-Sipu*, Poisson-Rivière, par corruption
Mœsisip (1). Ils s'y trouvèrent entre deux autres
nations, les Mingos ou Iroquois au nord, et les
Em, Willard. Talligewis, Talligeu ou Allighewis au sud. Les
Balbi. Mingos-Iroquois étaient une race puissante qui,
comme les Lenni-Lenapes, avaient émigré du
nord-ouest. Les Allighewis étaient un grand
peuple civilisé, établi depuis longtemps sur la
rive orientale du Mississipi, ayant villes et gou-

---

(1) Et non point Meschacebé, *père barbu des fleuves,* comme
on l'a dit poétiquement, mais absurdement. Le Mississipi
absorbe un grand nombre de rivières, mais n'en engen-
dre aucune.

vernement que défendaient des guerriers d'une gigantesque stature.

Les Lenni-Lenapes demandèrent à ces premiers occupants la permission de vivre dans leur contrée; cette permission fut hautainement refusée. Les Lenapes s'abouchent alors avec les Mingos-Iroquois pour forcer les Allighewis à leur faire place. Ceux-ci, menacés de la guerre, mettent leurs villes en état de défense, élèvent de nouvelles fortifications et se préparent à une vigoureuse résistance. Les armées entrent en campagne; de sanglantes batailles se donnent; la terre est couverte de monceaux de morts; mais la civilisation allighewienne est battue, effrayée; ses impuissants défenseurs descendirent vers le sud avec les eaux du Mississipi et ne reparurent plus.

I. *Cet épisode est-il vrai?*

II. *S'il l'est, à quelle époque le reporter?*

III. *Ces Allighewis ont-ils changé de nom en émi-grant? Sont-ce les Toltèques, les Chichimèques, les Nahualtèques ou les Aztèques? Se sont-ils établis plus au sud, au Mexique, au Pérou ou au Brésil? ou bien ont-ils péri dans leur fuite?*

Toutes questions qui se posent naturellement,

2.

et auxquelles nous allons essayer de répondre dans l'ordre où nous les avons émises.

I. *Cet épisode est-il vrai ?*

Tout nous le fait croire. Le pays que les Alli-

ghewis occupaient (la vallée du Mississipi, surtout entre l'Ohio, les lacs, le Mississipi, le Missouri, la rivière Platte et les montagnes Rocheuses) a gardé des traces très-remarquables de cette occupation.

Chateaubriand.

« Représentez-vous des restes de fortifications ou de monuments, occupant une étendue immense. Quatre espèces d'ouvrages s'y font remarquer : des bastions carrés , des lunes, des demi-lunes et des tumuli. Les bastions, les lunes et demi-lunes sont réguliers ; les fossés larges et profonds ; les retranchements faits de terre avec des parapets à plan incliné ; mais les angles des glacis correspondent à ceux des fossés et ne s'inscrivent pas comme le parallélogramme dans le polygone. »

Chateaubriand.

« Les tumuli sont des tombeaux de forme circulaire. On a ouvert quelques-uns de ces tombeaux ; on a trouvé au fond un cercueil formé de quatre pierres, dans lequel il y avait des ossements humains. Ce cercueil était surmonté d'un autre cercueil contenant un autre squelette, et ainsi de suite jusqu'au haut de la pyramide, qui peut avoir de vingt à trente pieds d'élévation. »

Ces ouvrages se trouvent particulièrement sur la rive septentrionale de l'Ohio, à l'embouchure du Muskingum, à celle du Scioto, du grand Miami, entre la Wabash et la rivière Blanche. On en rencontre aussi sur le Mississipi : « dans l'espace de vingt milles au-dessus et au-dessous de Kaskaskias, on assure qu'on compte cent cinquante tertres et restes de fortifications. » *Chateaubriand.* *Warden.*

On en a découvert aussi entre les lacs Erié et Michigan. « Quelques milles au-dessous du lac Pepin, on voit les restes d'une ancienne fortification. Bien qu'ils soient couverts d'herbe, Carver dit qu'il a parfaitement reconnu un ouvrage de forme circulaire, avec des remparts s'étendant jusqu'à la rivière qui couvre les derrières ; les murs ont environ quatre pieds, près d'un mille d'étendue, et sont capables de mettre à couvert cinq mille hommes. Quoique ces ouvrages, dit le même voyageur, aient été déformés par le temps, on distinguait chaque angle, qui paraissait construit selon les règles de l'art militaire, et aussi régulièrement que si Vauban en eût tracé le plan. » *Warden.*

Mais c'est assez d'explorations à l'est du Mississipi; passons, pour un instant, à l'ouest.

Dans le pays des Sioux, sur les bords du Saint-Pierre et de la rivière Jaune, il y a plusieurs ter-

Warden. tres et retranchements, de même que sur ceux du Missouri, de l'Osage et de la Platte.

Humboldt. « Les lignes de fortifications observées par le capitaine Lewis sur les bords du Missouri, vis-à-vis de l'île du Bonhomme et sur la rivière Platte, prouvent que l'ancienne habitation des Allighewis s'étendait bien à l'ouest, vers le pied des montagnes Rocheuses. »

Ces fortifications et ces tumuli paraissaient des preuves concluantes à Humboldt; qu'eût-ce donc été s'il avait connu les particularités suivantes, que nous trouvons consignées dans le bel ouvrage de Schoolcraft?

Dans les régions où nous venons de découvrir tant de monuments, c'est-à-dire dans le pays des prairies de l'Ouest, et à l'est du Mississipi jus-

Schoolcraft. qu'aux lacs Erié et Michigan, on trouve des champs de vingt à cent acres, et même de trois cents acres, qui ont dû jadis servir de champs de labour aux habitants de ces contrées. On les nomme aujourd'hui, dans le langage commun : lits de jardins (garden-beds), comme nous appelons lits des fleuves les terrains sur lesquels ils roulent.

Comment la forme de ces champs s'est-elle conservée ? — Abandonnés à la nature, ils se sont conservés d'eux-mêmes. Pris dans les meilleurs terrains, ils se sont vite couverts d'une herbe drue, se renouvelant sans cesse, qui a protégé leur tracé contre les intempéries des saisons et la longueur des siècles.

Une autre particularité par laquelle nous allons terminer cette énumération des vestiges présumés des Allighewis dans la vallée du Poisson-Rivière, c'est que le sol de cette vaste contrée a été trouvé partout mêlé de fragments de poterie. On en rencontre même sur les deux versants des Alleghanys, ce qui indiquerait, de concert avec ce nom (Alleghanys vient certainement d'Allighewis), que l'empire allighewien s'étendait jusqu'à cette chaîne de montagnes, sinon au delà vers l'est.

Par toutes ces considérations, nous n'hésitons pas à avancer que l'épisode raconté plus haut est au moins vrai, quant aux faits généraux ; les détails ont pu être altérés, mais les deux grandes circonstances d'occupation et d'abandon de leur empire par les Allighewis nous paraissent incontestables.

II. *Si cet épisode est vrai, à quelle époque le reporter ?*

La plupart des monuments de l'Ouest indiquent le xii° siècle, dit Schoolcraft, c'est-à-dire l'an 1100.

*Nouvelles An-
nales des voya-
ges.*

Dans leurs *Mémoires* sur les ruines de l'Ohio, des savants américains disent que ces travaux datent d'un siècle ou deux avant la découverte. Mettons deux siècles, nous aurons 1292.

Brown.

« Auprès de Piqua, dans le comté de Miami, il y a sur ma ferme une fortification qui embrasse environ dix-sept acres ; les murs en sont de pierre apportées de 600 verges de distance. Les arbres qui y végètent sont aussi grands que ceux des forêts voisines. On en a conclu que les forts pouvaient remonter à environ 400 ans. »

Le passage que nous venons de transcrire est du commencement du siècle ; cette fortification remonterait donc, d'après Brown, à l'année 1400.

Carver, ayant égard à l'épaisseur du lit de terre qui recouvrait les ouvrages de Michigan, leur assigne une très-grande antiquité. Mettons l'an 1000 pour cette très-grande antiquité.

Ainsi toutes les fortifications dont nous avons parlé, et qui furent en partie (surtout les plus récentes) construites par les Allighewis pour se

défendre contre les Lenni-Lenapes, furent élevées,
pensent tous les archéologues qui s'en sont occupés, du xɪe au xve siècle. La moyenne serait 1200.
Mais si nous forçons un peu ce chiffre vers celui
de Schoolcraft, que nous regardons comme le
mieux informé, et si nous avons égard aux Aztèques, que Humboldt soupçonne être de race allighewienne, nous pourrons assigner à l'épisode
ci-dessus raconté la date à laquelle les Aztèques
sortirent d'Aztlan, c'est-à-dire 1180.

III. *Ces Allighewis ont-ils changé de nom en émigrant?*
Sont-ce les Toltèques ? les Chichimèques ? les Nahual-
tèques ou les Aztèques ? Se sont-ils établis plus au sud,
au Mexique, au Pérou ou au Brésil? ou bien ont-ils
péri dans leur fuite ?

En nous appuyant sur l'arrivée des Aztèques au
Mexique pour dater notre épisode des Allighewis,
nous éliminons la question : Ont-ils péri dans
leur fuite? Et en les établissant au Mexique nous
les expulsons presque du Pérou et du Brésil. Il
est vrai que quelques bandes ou tribus auraient
pu descendre jusque dans ces contrées, mais
nous n'avons trouvé ni tradition ni monument
d'une telle émigration. Il n'en est point ainsi
pour l'arrivée au Mexique; les autorités abondent
pour ce fait.

« Les Mexicains eux-mêmes reconnaissaient que leur empire n'était pas ancien. Leur pays était, disaient-ils, originairement possédé plutôt que peuplé par de petites tribus indépendantes, dont les mœurs ressemblaient à celles des peuples les plus sauvages. Mais, à une période qui correspond au commencement du xe siècle de l'ère chrétienne (1), plusieurs tribus vinrent successivement de régions inconnues, situées au nord et au nord-ouest, et s'établirent dans différentes provinces du pays d'Anahuac, ancien nom de la Nouvelle - Espagne. Ces peuplades nouvelles, moins barbares que les naturels d'Anahuac, commencèrent à leur donner quelque goût pour les arts de la vie civile. »

Quelles peuplades nouvelles? et quand s'installèrent-elles dans le Mexique?

Nous l'avons dit au commencement de ce chapitre, c'étaient :

« Les Toltèques, qui y parurent pour la première fois l'an 648 (pour la première fois semble sous-entendre d'autres migrations), les Chichimèques en 1170, les Nahualtèques l'an 1178, les Acolhues et les Aztèques en 1196. Les Toltèques

_____

(1) Cette date de Robertson ne doit pas être prise au pied de la lettre, comme nous le verrons tout à l'heure.

introduisirent la culture du maïs et du coton; ils construisirent des villes, des chemins et surtout ces grandes pyramides que nous admirons encore aujourd'hui, et dont les faces sont exactement orientées. Ils connaissaient l'usage des peintures hiéroglyphiques; ils savaient fondre des métaux (excepté le fer cependant) et tailler les pierres les plus dures; ils avaient une année solaire plus parfaite que celle des Grecs et des Romains. Leur gouvernement indiquait qu'ils descendaient d'un peuple qui lui-même avait déjà éprouvé de grandes vicissitudes dans son état social. Mais quelle est la source de cette culture? Quel est le pays d'où sortirent les Toltèques et les Mexicains ? »

Nous l'avons dit aussi : ils sortaient du grand empire des Allighewis, empire qui s'étendait au sud des lacs, entre les montagnes Rocheuses et la chaîne des Alléghanys, jusqu'à l'Ohio et au Missouri.

Les noms Toltèques, Chichimèques, Nahualtèques, Acolhues, Aztèques, trahissent une même origine. C'étaient, nous le croyons, des tribus allighewiennes que le pays d'Anahuac attirait, ou qui se trouvaient forcées d'y chercher des asiles.

A l'époque de ces migrations, il y avait déjà long-

temps que cette région *près de l'eau* (*Anahuac* signifie près de l'eau) était non la terre promise, mais
la terre convoitée des tribus du Nord, le pays des
merveilles, de la civilisation et des arts.

Mais « la tradition et les hiéroglyphes historiques nomment Huehuetlapallan, Tollan,
Aztlan, la première demeure de ces peuples
voyageurs. Rien n'annonce aujourd'hui une ancienne civilisation de l'espèce humaine au nord
de Rio-Gila ou dans les régions plus septentrionales. » Mais faut-il prendre au pied de la
lettre tout ce que les Mexicains ont dit de leur
histoire, quand on n'a pu obtenir d'eux la dési-
gnation de l'emplacement d'Aztlan? Faut-il
croire sans restriction à ce que racontent leurs
écritures peintes, quand on sait que les origi-
naux ont été brûlés, remplacés de mémoire, et
ces copies dispersées, en partie perdues, peut-être
interpolées?

Nous ne le pensons pas; on peut se servir de
ces documents, mais les conjectures ne sont pas
interdites dans cette circonstance. Aussi conjec-
turons-nous (non sans raisons toutefois) que les
Aztèques étaient nés Allighewis, et Aztlan placé
quelque part dans la vallée du Mississipi (1).

(1) Voyez la note A du livre I à la fin du volume.

Les Aztèques (Allighewis), qui ont mis seize ans à faire le chemin d'Aztlan au plateau d'Anahuac, ne peuvent-ils pas avoir fait un détour dans leur fuite, avoir voulu chercher une nouvelle patrie dans les régions occidentales ? Ne peuvent-ils avoir d'abord pensé qu'il ne fallait point encombrer de population le territoire où s'étaient établis leurs compatriotes ? Et, continuant l'hypothèse, ne peut-on ajouter que, désenchantés de ce projet à la vue des campagnes pittoresques, mais stériles et couvertes de brouillards qui s'étendent entre la Sierra-Nevada et Rio-Gila ; que rebutés par les naturels, qu'on nous a dépeints comme d'une suprême stupidité, ils se déterminèrent à rejoindre dans le sud leurs frères, les Chichimèques, les Nahualtèques, les Toltèques ?

Mitchell.

de Rienzi.

Venegas.

Expliquer ainsi les Allighewis, Rio-Gila, les Aztèques, le Mexique, établir la filiation des peuples américains sans sortir de l'Amérique, nous paraît tout aussi raisonnable que d'aller avec tant d'autres jusqu'en Asie, leur quêter un berceau introuvable.

Mais serrons de plus près l'argumentation.

Les Mexicains avaient un système de numération très-différent de ceux que nous trouvons dans l'ancien continent. « Après les unités, qui ressemblaient aux clous des Étrusques, ils n'avaient de chiffre ou hiéroglyphe simple que pour 20, pour le carré de 20 et le cube de ce même nombre. » Et si les Mexicains étaient venus de l'Asie, n'est-il pas à penser qu'ils auraient apporté quelque notation en usage dans cette partie du monde.

Humboldt.

De même pour leur système hiéroglyphique. Cette peinture des objets et des individus pour consacrer le souvenir des actions et des événements, cette écriture en tableaux, comme l'appelle Roberston, qui n'est que le premier essai d'une nation voulant communiquer ses idées, était complétement d'invention américaine. Où, dans l'Asie, et à quelle époque, irons-nous chercher l'origine de cette écriture peinte, qui est elle-même une origine ? Peut-être trouverions-nous quelque chose de ce système dans l'ancien monde, vers le xxe ou xxve siècle av. J.-C.; parce que l'esprit humain, identique ou à peu près dans tous les temps et dans tous les pays, prend toujours les mêmes erres dans la voie du progrès; mais il s'agit ici du xve siècle ap. J.-C.

Passons à la manière dont les Mexicains supputaient le temps.

Ils sont le seul peuple qui ait divisé l'année en
dix-huit mois de vingt jours, qui ait eu des in-
dictions de treize ans, des demi-siècles de cin-
quante-deux ans et des siècles, ou vieillesses, de
cent quatre ans.

Nous pourrions continuer ainsi pendant longtemps, et nous verrions que religion, arts, archi-
tecture, mœurs, coutumes, langage, tout sépare
les Mexicains des peuples de l'ancien continent ;
mais nous n'insisterons point sur ce sujet. qui
reviendra plus loin ; d'autant plus que l'origine
asiatique des Mexicains n'a pas été péremptoi-
rement revendiquée par les historiens.

Nous pouvons donc, en conséquence de nos
raisons, les affirmer Américains; tâchons de les
montrer Allighewis.

Certains auteurs, considérant que les Égyptiens et les Mexicains avaient élevé des pyramides
et s'étaient servis de l'écriture hiéroglyphique,
ont conclu, sans autres investigations, que les
seconds étaient certainement de la race des premiers.

Outre les différences de mœurs, de coutumes,
de langage, de conformation physique qui s'op-
posaient à l'admission de cette opinion dans le
domaine de la science, il y avait aussi l'objection

de la distance de temps et de lieu qui séparait les deux nations.

Mais toutes ces différences, ces distances, s'a-moindrissent, s'effacent entre les Mexicains et les Allighewis. Et si nous trouvons chez ceux-ci comme chez ceux-là des hiéroglyphes et des pyramides, ne serons-nous pas plus fondé que les auteurs dont nous venons de parler, à soutenir l'opinion que nous avons émise, c'est-à-dire la parenté des Allighewis et des Mexicains?

Nous le croyons du moins.

Eh bien, en parlant des nombreux *tumuli* des bords de l'Ohio et de la vallée du Mississipi, nous avons établi que ces ouvrages avaient la forme pyramidale. Dans l'État actuel de l'Ohio, à peu Eug. Vail. de distance de Newark, s'élève un monument en pierres de forme pyramidale, de quarante pieds d'élévation sur cent de diamètre à la base.

Il nous est impossible de fournir des peintures Schoolcraft. allighewiennes, mais le système d'écriture des Mexicains était tellement en usage chez toutes les Humboldt. tribus de l'Amérique du Nord, que nous affir-Lahontan. mons, sans crainte d'être contredit, que les Allighewis connaissaient cette manière de fixer les souvenirs.

A ces considérations ajoutons-en d'autres d'une autre nature.

Tallighewi, Talligheu (très-rapproché de Talliqueu par la prononciation), qui semble le vrai nom des Allighewis, a des consonnes remarquablement communes avec Toltèques ou Toultèques. Les sons *t, l, q, a, u* reviennent, on pourrait dire systématiquement, dans les noms Talliqueu, Toltèques, Acolhues, Nahualtèques, Aztèques, Alleghani (Alleqhani, Talleqhani). Et le temps et la mauvaise prononciation n'ont pu qu'altérer ces signes de parenté qui frappent encore aujourd'hui.

Autre circonstance assez surprenante; les migrations du nord vers le sud se succèdent depuis 648 jusqu'en 1180. Elles finissent à cette époque, et, vers cette époque aussi, les Allighewis disparaissent de leur patrie, prenant justement la route de cet empire du Mexique où les tribus les plus civilisées du Nord sont allées se régénérer, fleurir, et mourir, illuminées de cet éclat particulier qui distingue les Mexicains dans l'histoire et les immortalise.

Notre réponse à notre troisième question est donc celle-ci :

Les Toltèques, les Nahualtèques, les Chichimèques, les Acolhues, les Aztèques, étaient des tribus allighewiennes. Des circonstances qu'il est impossible de retrouver, obligèrent les Toltèques, les Chichimèques et les Nahualtèques à émigrer au Mexique, aux époques citées plus haut (648-1178) Vers 1180, la nation des Allighewis, battue par les Lenni-Lénapes, chassée de la vallée du Mississipi, se dirigea vers le sud. Quelques tribus prirent peut-être la route du sud-est et d'autres directions ; mais les Acolhues et les Aztèques se rendirent au Mexique par un chemin impossible à tracer, faute de documents.

Nous pouvons n'être pas dans la stricte vérité, en faisant les Allighewis la souche des Mexicains ; mais nous sommes, d'après Humboldt, dans la plus grande probabilité. Et si nous n'avons point réussi à démontrer cette filiation, nous avons du moins, par l'énumération des monuments, des travaux et des ruines, établi l'existence des Allighewis dans la vallée du Mississipi, leur défaite, leur disparition. Et c'est surtout ce dont nous avons besoin ici, c'est la base de l'histoire géographique des tribus que nous allons racontre (1).

---

(1) Voyez la note A du livre Ier à la fin du volume.

CHAPITRE III.

Après la fuite des Allighewis, que firent les Lenni-Lénapes et les Mingos-Iroquois, restés maîtres de la contrée ?

Il nous est impossible de répondre à cette question, à moins que d'une manière tout à fait conjecturale. Les Iroquois ni les Lénapes n'avaient la coutume, comme les Mexicains, de peindre leurs annales.

Lorsque les Français remontèrent le Saint-Laurent, ils trouvèrent sur la rive droite de ce fleuve les Iroquois constitués en république. Et quand, un peu plus tard, les Suédois et les Anglais s'emparèrent des terrains arrosés par la Delaware, ils rencontrèrent dans ces parages la petite tribu des Lenni-Lénapes.

Les deux peuples vainqueurs avaient donc, dans l'espace de quatre siècles, parcouru la grande distance des bords du Mississipi jusqu'au voisinage de l'Atlantique; les Lenni-Lénapes en

3.

s'affaiblissant, les Iroquois en augmentant leur puissance.

Les Allighewis n'étaient pas le seul peuple qui occupât la contrée. La région des grands lacs était habitée et les parties plus méridionales l'étaient aussi. Toutes les tribus répandues sur ce vaste territoire pouvaient relever plus ou moins des Allighewis, en raison de leurs caractères respectifs et de leur éloignement du centre de la civilisation allighewienne. Mais chacune de ces tribus avait aussi son existence particulière, isolée. Joignons à cela l'amour de l'indépendance, la seule passion du sauvage, peut-être, et nous pouvons conclure que la fuite des Allighewis n'entraînait point la fuite de tant de peuples; que cependant le fait d'envahissement du territoire par les Iroquois et les Lénapes avait dû mettre les armes aux mains des plus rapprochés du théâtre de la guerre.

Les vainqueurs des Allighewis ont-ils été ainsi poussés à de plus lointaines conquêtes? On peut le supposer. Et comme le pays était vaste, les Lénapes prirent une direction et les Iroquois en prirent une autre, ceux-ci vers le nord-est, et ceux-là droit à l'est. Le génie des deux nations était différent, différentes aussi furent leurs destinées. Les Lénapes, pourrait-on dire, avaient d'abord entrepris la guerre par caprice, ils la continuèrent pour se faire un asile de paix et de repos ; les Iroquois, pour satisfaire à leur besoin de combats, à leur soif de gloire.

Aussi les Lenni-Lénapes, après avoir rapidement passé à travers de nombreuses tribus, en les soumettant à leurs armes, s'être installés sur la Delaware, qu'ils nommèrent Lénapé-Hittuck, ou *rapide rivière des Lénapes*, avoir de là, comme d'une métropole ou d'un point de ralliement, dirigé pendant un certain temps les affaires de toutes les tribus conquises, influé sur la langue, commandé partout le respect à leur nom, s'endormirent-ils dans la paresse et l'insouciance. Ils ne comprirent pas que, pour les conserver, il fallait centraliser leurs conquêtes, au moyen de rapports ininterrompus ; que la seule manière d'être toujours la têté, c'est d'être toujours la volonté dirigeante. Ils laissèrent, paraît-il, chaque tribu maîtresse d'elle-même et chaque individu maître de lui-même, professant ainsi, comme le dirait M. Louis Blanc, l'individualisme, ce dissolvant des États.

Il y eut cependant, durant un certain temps, une sorte de lien fédéral, mais lâche, sans consistance, entre toutes ces tribus.

Cette confédération est apparue aux voyageurs européens dans la communauté de langage, langage que les Français ont appelé Algonquin.

Nous verrons tout à l'heure la description des nombreuses tribus qui se servaient de cette langue et que nous avons, pour cette raison, comprises dans notre division sous le nom général de nation algonquine ou chippewaie. Occupons-nous d'abord des Wyandots ou Hurons-Iroquois.

Comme les Lenni-Lénapes, les Mingos-Iroquois, dans leur marche nord-est, rencontrèrent de nombreuses peuplades premières-occupantes. Ils les battirent sans doute et passèrent outre. Mais il est à croire qu'une pensée arrêta cette marche triomphante. Que faire de tant de peuples vaincus? Il est bon de vaincre, mais pour un but grand, noble, généreux, pour relier cent, mille tribus, toute la race rouge en une seule nation, pour faire une association de tous les individus n'ayant qu'une langue, la même administration, s'efforçant de toute la force commune au bonheur de chacun. Mais pour entreprendre une pareille œuvre, un peuple doit se posséder lui-même, avoir une organisation qui masse toutes les forces au moment voulu et laisse cependant la liberté, la possession de soi-même à chacun des associés. C'est le problème posé par le Contrat social de Rousseau. C'est ce problème que semblent avoir voulu résoudre les Iroquois avant de pousser plus loin leurs conquêtes, et qu'ils avaient résolu en s'organisant de manière à pouvoir admettre dans leur communauté toute tribu conquise.

Cette organisation était remarquable de simplicité, remarquable aussi en ce qu'elle semble avoir servi de modèle au pacte fédéral qui lie aujourd'hui les divers États de l'Union (1).

Les Iroquois s'étaient partagés en cinq nations : les Sénécas, les Cayugas, les Onondagas, les Onéidas et les Mohawks. A cause de cette division, les Anglais les appelèrent les Cinq-Nations. Les Français leur avaient donné et leur ont conservé le nom d'Iroquois; les Indiens les désignaient sous celui de Mohawks, du nom de la nation la plus brave.

L'origine, la date de cette confédération est inconnue. On n'a fait que d'insuffisantes recherches sur l'histoire antécolombienne de ces sauvages tribus.

Bancroft.

Balbi.

Mac-Kenney.

(1) Remarquons que lors de la guerre de l'indépendance, les sachems des cinq nations donnèrent le conseil aux Anglo-Américains de se constituer, comme eux (les Iroquois), en peuple composé d'États confédérés. Voyez Schoolcraft, tom. III (Iroquois).

On sait cependant qu'il n'y avait d'abord que trois nations : les Sénécas, les Onondagas et les Mohawks.

Colden. Comme les abeilles qui sortent de la ruche trop pleine pour former de nouvelles républiques, deux autres nations, sorties des trois premières, s'étaient jointes à la confédération : les

Gallatin. Cayugas et les Onéidas qui portent, chez les auteurs anglais, le qualificatif de *plus jeunes* (younger), tandis que les trois autres ont conservé celui d'*aînées* (elder).

Colden. Ces cinq nations étaient unies ensemble par un pacte fédératif, comme les Provinces-Unies ou les cantons suisses, sans qu'aucune eût de pouvoir,

Lahontan. de suprématie sur les autres. « Les cinq cabanes s'envoient réciproquement, tous les ans, des dé-

Lahontan. putés pour faire le festin d'union et fumer dans le grand calumet des cinq nations. »

Chacune de ces nations, république elle-même, était en outre divisée en trois familles, les familles de la Tortue, de l'Ours et du Loup, parce que ces trois animaux leur servaient d'emblêmes, de signes de reconnaissance.

Colden. Les vieillards ou sachems avaient autorité sur

Schoolcraft. leur nation respective ; mais ne nous y trompons pas, c'était simple autorité d'opinion. La violence

et la force brutale étaient inconnues dans cette
république sauvage. La honte et le mépris
étaient la seule punition du criminel ; les seules
récompenses, le respect de tous, la gloire d'avoir
bien fait.

La vieillesse était chez les Iroquois aussi véné- Colden.
rée qu'à Sparte, la chasteté considérée comme
une vertu, et la polygamie sinon prohibée, du   Chateaubriand.
moins mal regardée.

C'était là toute la police, toute la politique in-
térieure des Iroquois, mais politique qui réagis-   Colden.
sait à l'extérieur, en commandant un respect
mêlé de crainte aux nations environnantes.

D'ailleurs, les cinq nations avaient fait choix   Mac-Kenney.
d'un territoire où elles étaient naturellement dé-
fendues contre les agressions du dehors. Elles
habitaient la région entre les lacs Erié, Ontario,
les sources de l'Ohio, de la Susquehanna et de la
Delaware, c'est-à-dire la partie nord-ouest de
l'état actuel de New-York, contrée fertile, coupée
de forêts épaisses, majestueuses, et d'une multitude de petits lacs qui s'enchaînent l'un l'autre (1).

_____

(1) Les petits lacs, tous situés au sud-est et au sud du
lac Ontario, sont : le lac Onéida, qui a trente milles de
long et cinq de large, lé lac Cayuga, qui a à peu près la
même longueur et de quatre à six milles de large ; le lac

Gallalin.

Sur ce territoire si bien protégé par la nature, les Iroquois s'étaient resserrés, massés, on pourrait dire, comprenant bien que la diffusion, la dissémination sont des causes de faiblesse et non de force, que c'est peu d'avoir une patrie, qu'il la faut peuplée.

Par toutes ces raisons, on peut imaginer la puissance des Iroquois relativement aux autres nations indiennes, inorganisées, éparpillées sur d'immenses territoires, sans but d'avenir.

On comprend aussi qu'une fois organisés de cette manière, ils avaient un certain droit à se

Colder.

donner le titre d'Ongue Honwe (plus grands que

Balbi.

les autres) et à se considérer à l'avance comme les maîtres des tribus qui les environnaient. Ils s'étaient faits cultivateurs, et trafiquaient de

Crooked, qui se jette dans le lac Seneca, a dix sept milles de long; le lac Skeneatless, qui a quatorze milles de long et un de large; le lac Owasco, qui a onze milles de long et un de large; le lac Canandarque, qui a treize milles de long et un de large: le lac Otsego, qui a neuf milles de long et un peu plus d'un mille de large; les lacs Olisco, Cross et Salina, qui ont chacun de trois à quatre milles de long; le lac Chatauque, dont les eaux s'écoulent dans le Connewango. Dans le nord de l'Etat se trouvent encore beaucoup de petits lacs qui donnent naissance à de nombreux ruisseaux. (Warden, *Description des États-Unis*, vol. II, page 67.)

leurs récoltes chez les Algonquins. On peut croire Gallatin.
que la politique n'était pas étrangère à cette métamorphose de guerriers en agriculteurs. Les Chateaubriand.
peuples agriculteurs sont des peuples nécessaires. Et peut-être les Iroquois pensaient-ils qu'en
se rendant nécessaires, ils imposeraient leur fédération plus facilement et sans versement de
sang. S'ils eurent cette pensée fraternelle, il est
doublement malheureux que de là soit émergé
l'obstacle à leur souveraineté pacifique.

Les Algonquins raillèrent les Iroquois sur leur Colden.
industrie, leur travail de femmes (la culture des
terres regardait les femmes chez les sauvages de
l'Amérique). Les Iroquois, qui avaient conscience Gallatin.
de leur bravoure, se piquèrent de ces moqueries.
Aussi acceptèrent-ils avec empressement l'invitation des chasseurs Algonquins à partager les
fatigues d'une de leurs chasses. Cinq jeunes Iroquois furent délégués et surpassèrent en force et
en adresse les Algonquins qui, outrés de jalousie,
les massacrèrent.

Les Iroquois devinrent alors les Maquas que Autorités citées.
Cooper a dépeints, braves, terribles, cruels, dont
le seul nom, crié en alarme dans les villages algonquins : les Maquas ! faisait fuir tout ce qui
pouvait fuir. Les Algonquins battus, massacrés

partout où tombaient les bandes iroquoises, s'allient aux Hurons.

Mais qu'était-ce que les Hurons ?

Hurons est un sobriquet donné par les Français aux Yendots ou Wyandots, que les cinq nations nommaient Quatoghee. L'origine, l'histoire et la condition de cette peuplade sont bien obscures. Ce qu'on sait de plus positif sur eux, c'est qu'ils habitaient la presqu'île entre les lacs Ontario, Erié, Huron, Manitouline, qu'ils se divisaient peut-être en cinq tribus comprenant trente-deux bourgades ou villages, et qu'ils exerçaient une grande influence sur les Algonquins. Les uns disent que c'est une tribu iroquoise, les autres que les Iroquois sortent des Hurons. La langue des uns et des autres porte le nom de Hurone-Iroquoise ou Wyandote. Les Hurons et les Iroquois différaient cependant de mœurs et de caractère. Chateaubriand dit que les Hurons étaient vifs, légers, braves comme les Français. Les Iroquois, au contraire, étaient cruels, durs, sévères comme des Spartiates.

Schoolcraft accuse une affinité secrète entre les Hurons et les Iroquois, ainsi qu'entre les Iroquois et les Tuscaroras, qui habitaient la Caroline du Nord. Gallatin nomme les Tuscaroras,

(marges :) Gallatin. Mac-Kenney. Sagard. Balbi. Duponceau.

Iroquois du Sud, et Balbi range la langue de cette nation dans la catégorie mohawk-hurone ou iroquoise. Au commencement du xviiiᵉ siècle, les Tuscaroras quittèrent la Caroline et se joignirent aux Iroquois, qui dès lors furent nommés les Six-Nations.

En voyant ces parentés, on se demande, avec Schoolcraft, si les Iroquois, après avoir, de concert avec les Lénapes, vaincu les Allighewis, n'auraient point voulu préparer leurs conquêtes futures? Les établissements des Hurons et des Tuscaroras n'étaient-ils point des jalons, des points d'appui pour la fondation ultérieure d'un grand empire iroquois? Ou bien les Hurons, les Iroquois, les Tuscaroras parlaient-ils la même langue parce qu'ils étaient nations ou tribus sœurs, sans avoir même conscience de leur consanguinité? et se trouvaient-ils ainsi placés sur le territoire américain par pur hasard? Les Iroquois ont-ils fait la guerre aux Hurons et les ont-ils exterminés parce que tous étaient sauvages et se délectaient dans la férocité? Les Tuscaroras, en quittant la Caroline, ont-ils été bien accueillis des Iroquois, parce qu'il était aussi dans la nature des indigènes américains de donner l'hospitalité, de se dévouer, de se sacrifier; tout cela suivant le caprice de l'instant, en raison de cette remarque de Robertson, que le sauvage est incapable de calculer l'avenir, comme il lui est presque impossible de conserver la mémoire du passé, étant l'homme du présent et seulement du présent? On peut croire tout ce qu'on voudra sur ce sujet qui offre un si large champ aux conjectures.

Laissons donc ces questions et poursuivons notre récit.

Comme nous l'avons dit plus haut, les Iroquois, n'obtenant point de réparation de la part des Algonquins, portent chez eux la guerre et le massacre. Ceux-ci, dont les différentes tribus environnaient le territoire des Iroquois, s'appellent mutuellement aux armes et déterminent les Hurons à entrer dans leur querelle; de sorte qu'à l'arrivée des Européens, les Iroquois se trouvaient en guerre avec toutes les peuplades qui les entouraient. Les Français prêtent leur appui aux Algonquins et aux Hurons pour détruire, s'il était possible, ces implacables, ces féroces Iroquois. Les armes à feu semblaient devoir mener à fin cette entreprise. Mais les Anglais, en haine des Français et de leurs établissements canadiens; mais les Hollandais par amour du trafic et du

lucre, armèrent de la foudre européenne les Iroquois, qui devinrent en peu de temps plus habiles
à la manier que les Européens eux-mêmes. « Ils
n'abandonnèrent pas pour cela, dit Chateaubriand, le casse-tête, le couteau, l'arc et la flèche;
mais ils y ajoutèrent la carabine, le pistolet, le
poignard et la hache ; ils semblaient n'avoir jamais assez d'armes pour leur valeur. »

Ils détruisirent alors, à l'estimation de Lahontan, « les trois quarts des Algonquins de ce côté-
là. » Ils envahirent la presqu'île huronne avec
toutes leurs forces (1649), emportèrent l'une après   Gallatin.
l'autre les plus considérables places de refuge,
massacrèrent les habitants, et l'année suivante
achevèrent cette extermination (1650). Une petite
troupe parvint à fuir et à se mettre à l'abri sous le   Chateaubriund.
canon de Québec. La plus grande partie des Ahren-
das et d'autres bandes se rendirent et furent in-
corporées aux cinq nations, qui semblent n'avoir
jamais perdu de vue leur idée de confédération
générale des hommes rouges. Le reste des Tio-
nontates se réfugia chez les Chippeways. Cette   Gallatin.
espèce d'exécution des Hurons terminée, les Iroquois se tournèrent contre « leur propre sang, »   Bancroft.
les Andastes et les Eriés ou Erigastes, et les détruisirent. Poussant ainsi de tous côtés, de proche

en proche, de tribu en tribu, ils arrivèrent enfin chez les Lenni-Lénapes, qu'ils attaquèrent, battirent et réduisirent à la condition de femmes, c'est-à-dire à ne pouvoir plus faire la guerre.

Mais les Lenni-Lénapes racontent le fait d'une manière toute différente :

Heckwelder.   Il y avait eu de longues luttes, disent-ils, dans lesquelles les deux nations avaient perdu beaucoup de guerriers. Les Mingos - Iroquois envoyèrent aux Lenni-Lénapes ou Delawares un message conçu en ces termes : Il est grandement préjudiciable aux deux nations d'être en guerre continuelle l'une contre l'autre. Ce sera, à la fin, la ruine de toute la race indienne. Nous avons trouvé un moyen d'éviter ce malheur. Une nation sera la nation-homme, et l'autre la nation-femme. Et l'homme défendra la femme. Elle ne fera point la guerre ; mais elle parlera des paroles de paix, pour guérir les disputes de ceux qui marchent dans les mauvais chemins de la discorde. L'homme écoutera la femme et lui obéira.

Les Lenni-Lénapes consentirent à traiter sur ces bases. Un conseil des chefs des deux nations s'assembla. Les Mingos-Iroquois furent reconnus pour l'homme et renouvelèrent à la femme (aux

Lenni-Lénapes) leurs brillantes promesses. Nous vous habillons du long habit de femme; nous vous donnons l'huile et les médecines et une plante de maïs avec une houe. Nous confions à vos soins le grand ceinturon de la paix et la chaîne de l'amitié.

Telle était la tradition des Lenni-Lénapes ou Delawares; mais le lecteur doit comprendre, d'après tout ce que nous avons dit, que c'est tout simplement une touchante historiette et pas autre chose. Le missionnaire Heckwelder s'en est laissé imposer par les Lenni-Lénapes. C'est du moins l'opinion de Gallatin; c'est aussi la nôtre.

Nous terminons ici notre notice des Iroquois, nous les retrouverons plus loin mêlés à l'histoire des Européens émigrés.

CHAPITRE IV.

Les Algonquins.

Les Lenni-Lénapes avaient (nous l'avons déjà dit) conquis ou s'étaient incorporé toutes les tribus qu'ils avaient rencontrées dans leur marche vers l'est. Mais cette incorporation ne dura pas ou ne fut point si absolue que ces peuplades premières occupantes ne gardassent leur indépendance et leurs coutumes. Nous dirions même, si n'étaient les traditions rapportées plus haut, que les Lenni-Lénapes nous paraissent une simple tribu de la grande famille algonquine. C'est ce qu'ils parurent aux aventuriers et voyageurs européens. Mais les traditions ne doivent pas être complétement rejetées; c'est l'histoire mêlée de fables, comme l'histoire héroïque des Grecs ; cependant c'est toujours l'histoire. Aussi nous en tenons compte, mais les yeux attachés sur des faits plus avérés, et nous disons :

Les Allighewis battus, les Lenni-Lénapes quittèrent la vallée du Mississipi, arrivèrent en triom- ^{Schoolcraft}

4

phant jusqu'aux bords de l'Atlantique entre la Susquehanna et l'Hudson, où ils s'établirent. Leur langage ou se modifia, ou s'imposa chez toutes les tribus algonquines (1); ou bien un langage nouveau-né du mariage du leur et de celui de l'ancienne population devint le langage commun que trouvèrent les Européens à l'époque de la colonisation.

Le mot Algonquin est une corruption ou con-traction du primitif Algoumequin ou Algomee-quin, dont l'étymologie est assez difficile à établir. On peut croire que ce mot vient de *agomeeg* et

Schoolcraft.

signifie *peuple des rivages opposés*, à moins ce-pendant qu'il n'en faille chercher l'origine dans *Miguom, glace* ou dans *Amik, castor*, auxquels mots on ajouterait *win*, la caractéristique du substantif. On aurait alors *Miguom-win, peuple des Glaces* ou *Amik-win, peuple-castor*.

Ce sont les Français qui ont fait ce changement de Algoumequin en Algonquin, comme ce sont

Charlevoix.

eux qui ont donné le nom d'Iroquois aux Agon-nonsionni, et de Hurons aux Wyandots (2).

(1) Remarquons que Gallatin appelle la langue algon-quine, algonquine-lénape.

(2) Charlevoix dit qu'*iroquois* est formé de *hiro* ou *hero*, *j'ai dit*, — mot par lequel les Agonnonsionni (faiseurs de cabanes) terminaient leurs discours, comme les Latins par

L'algonquin était la langue la plus répandue de l'Amérique du Nord. On la parlait de l'embouchure du Saint-Laurent à la vallée des Moines, du cap Fear et peut-être de la Savannah jusqu'à la terre des Esquimaux, et de la rivière Cumberland à la rive méridionale du Mississipi, étendue de pays qui mesure environ soixante degrés de longitude et vingt de latitude. Bancroft. Gallatin.

Elle comprenait plus de soixante dialectes, c'est-à-dire que plus de soixante tribus l'avaient modifiée, changée suivant leur esprit, leur génie, se l'étaient appropriée, mais en lui laissant son caractère général, ses traits distinctifs. Duponceau.

Telles de ces tribus vont attirer quelques instants notre attention ; telles autres n'auront qu'une simple indication géographique, tandis que nous serons obligés d'en passer au moins la moitié sous silence. C'est que, comme le lecteur a déjà dû le remarquer, nous manquons souvent de documents sur les indigènes américains dont Duponceau.

---

dixi, et de *koué*, — cri de tristesse ou de joie suivant qu'il était prononcé lentement ou rapidement... *Hurons* vient du mot *hure*. Les Français, à la vue des cheveux coupés courts et relevés des *Yendots*, s'écrièrent : Quelles hures! et s'accoutumèrent à les appeler Hurons.

(Voir Charlevoix, *Histoire de la Nouvelle-France,* liv. V et VI, p. 183 et 271 de l'édition in-4.)

nous nous occupons. Nous faisons tous nos efforts; mais, à notre grand regret, ce sont presque toujours de stériles efforts.

Charlevoix.   Les Souriquois, que les Français ont appelés Micmacs, habitaient la partie de l'Amérique du Nord appelée aujourd'hui la Nouvelle-Ecosse, ainsi que les îles adjacentes. Il paraît que c'est à une tribu de cette peuplade, qui habitait la région montueuse, sur la droite du Saint-Laurent, nommée Gaspesie, qu'il faut rapporter les particularités remarquables qu'on a racontées des In-

Balbi. diens de ce pays. « Ces Gaspesiens distinguaient les aires de vent, connaissaient quelques étoiles et traçaient des cartes assez justes de leur territoire; une partie de cette tribu adorait la croix avant l'arrivée des missionnaires et conservait une tradition curieuse d'un homme vénérable qui, en leur apportant ce signe sacré, les avait délivrés du fléau d'une épidémie. Malte-Brun pense très-justement que ce pourrait bien être l'évêque du Groenland qui, en 1181, visita le Vinland, région qui, avec d'autres plus septentrionales, fut visitée au XIVᵉ siècle par les navigateurs vénitiens Nicolas et Antoine Zeni, dont les voyages furent si savamment illustrés par le cardinal Zurla. » (Balbi.)

La tribu des Etchemins ou *des hommes aux ca-* Gallatin.
nots se composait de différents groupes qui habitaient les bords de la rivière Saint-Jean, l'Ouy- Bancroft.
gondy de Champlain, sur la baie de Passama-
quaddy, et s'étendaient à l'ouest, le long de la Champlain.
mer, jusqu'à l'île du Mont-Désert, dans la baie
du Français.

Mac-Kenney dit que les Indiens occupant la partie des États-Unis à l'est de l'Hudson, étaient
connus des autres tribus sous le nom général de
Wabennaki (Abenaquis) ou hommes de l'Est. Il
paraît cependant qu'il faut restreindre cette dé- John Pickering.
nomination à une tribu algonquine qui habitait
à l'ouest des Etchemins. Cette tribu se partageait Gallatin.
en plusieurs familles dont les trois principales
ont laissé leurs noms à la ville de Norridgewook Bancroft.
et aux rivières Penobscot et Androscoggin. Ces
Abenaquis, qu'on appelait aussi Taratéens, étaient Warden.
remarquables par leur paresse. Ils ne plantaient
rien et n'avaient besoin de rien planter. La terre Gallatin.
qu'ils habitaient est un de ces pays favorisés où
la nature est si prodigue de ses harmonies et de Gov. Lincoln.
ses trésors, qu'il n'y a plus pour l'homme qu'un
soin, qu'une étude dans ces contrées : s'arranger
le mieux possible pour y vivre une vie de délices.

A côté des Abenaquis, sur les bords du Saco Gallatin.

et autour de Saco-Bay, étaient établis les Sokokis, originairement en alliance avec les Iroquois.

A l'ouest des Sokokis, dans les limites actuel-les du New-Hampshire, du Massachusetts, du Rhode-Island et du Connecticut, la population

Gallatin. indienne, partagée en une vingtaine de tribus,

Schoolcraft. pouvait bien, quelque temps avant l'arrivée des Européens, atteindre le chiffre de trente à qua-

Bancroft. rante mille individus. Mais une épidémie dont les pèlerins trouvèrent, en débarquant, les traces effrayantes, des ossements épars, des cabanes in-habitées, une sorte de peste, avait dévoré ou dis-persé les familles; de façon qu'il n'est guère pos-sible de faire l'histoire de toutes les tribus qui habitaient originairement cette contrée. On sait

Gookin. cependant qu'elles avaient chacune leur sachem et étaient grandement indépendantes l'une de l'autre. Voici les principales parmi celles dont on a pu retrouver les noms et les vestiges :

Gallatin. Les Pennacooks habitaient, sans doute, à côté des Sokokis; et à l'ouest des Pennacooks, jus-qu'aux environs de Salem, s'étendaient les Paw-tuckets.

Bancroft. La tribu des Massachusetts occupait les alen-tours de la baie qui porte toujours leur nom.

Gallatin. Les Nipmucks habitaient la partie centrale du

Massachusetts d'aujourd'hui, entre les Massachusetts et la rivière du Connecticut.

Les Pokanokets étaient établis dans les envi- *Bancroft.* rons de Mont-Hope et possédaient les îles Nantucket et Martha's Vineyard, ainsi qu'une partie de la région du cap Cod.

Les Narragansetts habitaient Rhode-Island, la *Gallatin.* partie-est de Long-Island et les terres continentales voisines de ces deux îles. Cette tribu, une *Mac-Kenney* des plus civilisées de la région nord de l'Amérique septentrionale, exerçait quelques arts (le tressage des wampums (1), le façonnage des vases de terre) dont les produits devenaient articles de commerce chez les autres tribus.

Les Pequods occupaient la partie-est du Con- *Mac-Kenney.* necticut et une zone de Long-Island. C'étaient de rudes guerriers, que nous verrons s'opposer *Gallatin.* au progrès de la race blanche dans leur pays, jusqu'à l'extinction de leur propre race. D'après *Bancroft.* Gallatin et Bancroft, ces Pequods étaient de la même famille que les Mohicans, dont nous allons parler.

Après de bonnes investigations, dit Mac-Ken-

---

(1) Les wampums étaient des espèces de colliers que les Indiens employaient en guise de monnaie dans leurs marchés, trafics et transactions.

ney, les Mohicans peuvent être considérés comme d'origine léni-lénape. D'un autre côté, ils passent pour les ancêtres des tribus que les Européens trouvèrent établies dans la Nouvelle-Angleterre, et dont nous venons de donner un aperçu. Les Mohicans viennent donc encore confirmer les relations de parenté ou d'influence que nous avons accusées plus haut entre les Lénapes et le reste de la nation algonquine. Ces Mohicans, à l'époque des premières tentatives de colonisation, étaient disséminés en groupes indépendants sur le territoire entre l'Hudson et le Connecticut; cependant Gallatin ne les fait point descendre plus loin que les Highlands.

Encyclopædie americaine.

l'ai croll.

Avec les Mohicans, nous sortons des limites des quatre États désignés plus haut, et nous continuons notre exploration chez les tribus algonquines.

Gallatin.

Les Manhattans, d'origine mohicane, avaient leurs wigwams à l'endroit même où s'étend aujourd'hui New-York. L'île Manhattan, sur laquelle est bâtie cette grande cité, a conservé leur nom.

Gallatin.

Les Léni-Lénapes, dont nous avons déjà si longuement parlé, occupaient, à l'époque des invasions européennes, la contrée bornée à l'est

et au sud par l'Hudson et l'Atlantique, au nord
par les monts Caskill et à l'ouest par la chaîne
de hauteurs qui sépare les affluents de la Delaware de ceux de la Susquehanna. Ils étaient donc
établis dans toute la vallée de la Delaware; circonstance qui a conduit les Anglais à changer s. Barton.
leur nom de Léni-Lénapes en celui de Delawares.

C'est une chose vraiment fâcheuse que tous
ces changements de noms! Nous sommes persuadé que c'est là la cause principale des erreurs qui foisonnent dans la plupart des ouvrages
sur les Indiens, et par contre, un des plus grands
empêchements à la découverte de la filiation
des tribus américaines. Cela se conçoit. Les noms
indiens ont presque toujours une signification
qui sert de donnée dans ce problème à résoudre :
les noms européens ne signifient rien et ne font
qu'embrouiller la question, puisqu'on se trouve
tout d'un coup avec deux ou trois noms pour une
nation ou une tribu (1).

Les Léni-Lénapes (hommes primitifs; hommes Gallalin.

---

(1) C'est même parfois quatre ou cinq noms. Exemple :
Les Mengwe ou Iroquois portaient le nom d'Aganonsioni
chez les Algonquins et de Maquas chez les Hollandais,
tandis qu'ils s'appelaient eux-mêmes Ongue-honwe.

non mêlés) disaient que dans le principe ils se divisaient en trois tribus ou familles : les Unami (tortues); les Minsi (loups); les Unalachigo (din-dons). Cette division n'a rien de remarquable que sa ressemblance avec celle des tribus iro-quoises, et sa date aussi inconnue que celle de la confédération des cinq nations. N'y a-t-il point quelque relation très-intime, entre les Iroquois et les Lénapes cachée dans cette coïncidence? N'y pourrait-on point trouver une nouvelle con-firmation de cette tradition qui donne aux Iro-quois les Lénapes pour compagnons d'armes dans leur guerre contre les Allighewis?

Dans la grande presqu'île située entre Chesa-peake-baie et Delaware-baie, se trouvaient les Nanticokes; plus au sud, de l'autre côté de Che-sapeake-baie, entre la Potomac et le James-River habitaient les Powatans, confédération d'environ trente petites tribus dont la plus considérable comptait à peine deux cents guerriers. Nous re-viendrons sur cette petite nation dans l'histoire des établissements de la Virginie. Nous verrons alors aussi d'autres petites peuplades, les Roano-ques, les Croatans, les Corées, qui habitaient à cette époque les îles et les côtes de la Caroline du Nord jusqu'au cap Fear, limite méridionale des

Smith.

Rcbertson.

Théod. de Bry.

Smith.

tribus algonquincs. Pour leur histoire d'avant la découverte, nous n'en savons rien. Peut-être ces peuples sans traditions avaient-ils vécu jusqu'alors assez heureux pour n'avoir aucun événement à léguer à la postérité.

Bancro't.

Les Schwanées, qui semblent avoir relié les tribus algonquines du Sud-Est à celle de l'Ouest, n'avaient point de demeure fixe. C'était une tribu belliqueuse, mais vagabonde. Ils avaient d'abord habité au sud du lac Érié ; mais les premiers ils essuyèrent les coups des Iroquois et furent forcés de céder à la supériorité de ces redoutables adversaires. Et depuis lors, ils furent sans cesse errants. Ils émigrèrent vers le sud jusqu'à la Savannah ; ils remontèrent ensuite vers le nord jusque sur les bords de l'Ohio, du Miami et de la Sciota.

Bancroft.

Mac-Kenney.

C'est la seule tribu qui réclame une origine étrangère.

Mac-Kenney.
Vail.

Les nations indiennes se disent pour la plûpart aborigènes, issues d'ancêtres montés des entrailles de la terre à la surface.

Mac-Kenney.
Vail.

Les Schwanées pensaient que leurs pères avaient habité une contrée lointaine, étrangère ; qu'ils avaient marché jusqu'à la mer ; que là, un guerrier de la tribu des Tortues se mit à la tête des émigrants et entra dans l'Océan, dont les eaux se divisèrent pour leur faire un passage jusqu'à cette île (pour les Schwanées, le continent américain était une île). Dans cette nouvelle patrie, les Schwanées (c'est toujours la tradition qui parle) se divisèrent en douze tribus. Mais quatre noms seulement ont résisté à l'oubli, ce compagnon du temps : les Mokostrakes, les Pickaways, les Kickapoos, les Chilicotes.

Balbi citant
John Johnson.

Si les Schwanées sont d'origine étrangère, c'est ce que nous examinerons plus opportunément lorsque nous traiterons la question de l'ogine des peuples américains; si, comme les Hébreux, ils ont passé la mer à pied sec, c'est ce que nous ne croyons nullement; si, comme les Hébreux encore, ils se sont partagés en douze tribus, c'est ce que nous ne voyons aucune difficulté à admettre. Seulement nous ne remonterons point jusqu'à Moïse pour avoir l'explication de cette division.

De Laet.

Les Schwanées ont été certainement les voisins des Andastes, vers le lac Érié; mais leur humeur était inquiète, vagabonde; la tradition les fait venir des bords de la mer. Tout semble donc nous engager à porter leur berceau ailleurs que sur le lac Érié. Prenons le rivage Atlantique

dans la ligne de leur marche; nous avons la Gas-
pésie ou quelqu'autre littoral très-voisin de cette
contrée. Mais, d'après Malte-Brun, Balbi, Humboldt, Robertson, on peut admettre que le christianisme a été prêché sur cette côte longtemps
avant la découverte de Colomb. « Les Gaspésiens Balbi.
adoraient la croix avant la venue des missionnaires. » On ne peut affirmer d'une manière po-
sitive que les Schwanées aient entendu les pré-
dicateurs qui ont converti les Gaspésiens; mais
on ne pourrait, non plus, raisonnablement le
nier.

Et sans remonter si loin, rien ne s'oppose à ce
qu'il y ait eu des relations entre les Schwanées et
des Européens qui se seraient trouvés dans l'impossibilité d'en donner connaissance. Il est fait
mention des Schwanées, pour la première fois,
dans Laet, sous la rubrique 1632. De 1492 à 1632,
il y a de la marge; et c'est la période la plus obscure de l'histoire d'Amérique. Que d'expéditions
perdues à cette époque! Que de voyageurs, d'é-
migrants sur tous les points de l'Amérique, et
dont on n'a plus entendu parler! Alors, que de
conversions tentées chez les sauvages! Le xvi°
siècle fut un siècle de propagande religieuse par-
excellence. Tout Européen réfugié chez les indi-

gènes américains devait se croire un apôtre de la foi chrétienne.

Qu'y aurait-il alors d'étonnant à ce que les Schwanées se soient trouvés séduits par l'histoire de la sortie d'Égypte et se soient passionnés pour ce récit miraculeux au point de s'en faire les héros et d'appliquer à leur nation la division des Hébreux?

Tout est croyable de la part d'un peuple-enfant dont la seule règle est une imagination capricieuse, changeante comme les tableaux de la nature qui l'entoure.

L'organisation politique des Israélites par tribus, par familles, convenait d'ailleurs parfaitement au génie borné, à l'humeur versatile des indigènes de l'Amérique. Hébreux et Indiens étaient très-près de la nature, nous voulons dire très-voisins de l'état primitif de l'homme, état d'isolement et de faiblesse. Le premier pas en dehors de cette condition précaire, la première association de forces, c'est l'union dans la famille. Le second, c'est l'union des familles entre elles, la fédération des tribus; mais fédération, pour quel but? Pour repousser les ennemis communs; c'est-à-dire, alors, réserve de l'indépendance pour chaque individu, pour chaque famille, lorsque la défense générale ne fait point appel à l'association. De là, pour tous, facilité de s'éloigner, de sortir de l'union, pour vivre seuls ou s'unir ailleurs; de s'en rapprocher, d'y rentrer pour la quitter encore.

Et cette versatilité dont nous accusons les Indiens, on en trouve des exemples continuels, trop continuels pour l'historien qui ne peut suivre les tribus dans ces va-et-vient soudains, dans ces changements multipliés qui effacent toute trace du passé.

Ces Schwanées dont nous avons indiqué la marche vagabonde, nous en présentent un exemple assez remarquable. Leur division en douze tribus ne peut remonter plus haut qu'au XIIᵉ siècle, et nous la daterions plus volontiers du commencement du XVIᵉ siècle; eh bien, vers le milieu du XVIIᵉ, la désorganisation était déjà si complète, qu'on ne connaissait plus que quatre noms de tribus, et qu'une de ces quatre vivait seule et séparée des autres : c'étaient les Kikapoos, dont nous allons parler.

Au premier abord, cette peuplade paraissait complétement étrangère aux Schwanées. Elle était indépendante et habitait sur la rive droite de la Wabash, au-dessus de Tippecanoe, vers les

Comparez
Bancroft,
Gallatin,
Warden,
Mac-Kenney.

sources de l'Illinois, et s'étendait peut-être à
l'ouest jusqu'au Mississipi. Mais ces Kikapoos
avaient même tradition et même langage que
les Schwanécs; même tradition et même langage, c'est pour nous la preuve que ces deux
peuplades étaient consanguines.

Mac-Kenney.

A côté des Kikapoos, entre la Wabash, le lac
Michigan, le Mississipi et l'Ohio, c'est-à-dire dans
l'État illinois d'aujourd'hui, habitaient les Illinois (hommes parfaits, hommes dans la force de
l'âge).

« Je suis assuré, dit Charlevoix, qu'il n'est pas
possible de voir une contrée plus belle et meil-
leure que celles qui sont arrosées par la rivière
des Illinois. Avant d'arriver au lac Piteouy, nous
traversâmes un pays charmant, et, à la fin de ce
lac, nous arrivâmes à un village des Illinois,
dont la position ne peut être plus délicieuse.
Devant ce village, la vue s'étendait sur une belle
forêt, ornée d'une grande variété de couleurs, et
derrière on voyait une plaine immense parse-
mée de bois. Le lac et la rivière sont remplis de
poissons, et les bords abondent en gibier. »

Les descriptions du beau pays habité par les Illinois ne manquent pas; mais il nous manque de
bons renseignements sur le lien politique et so-

cial qui unissait les différents membres de cette grande famille. Nous savons qu'il y avait les Voyez Gallatin et Bancroft. Kaskaskias, les Cahokies, les Tamarois, habitant dans la partie sud du territoire, de l'embouchure du Missouri à celle de l'Ohio; les Michigamies, Mac-Kenney. près de la rivière des Moines et probablement sur la rive droite du Mississipi; les Piankeshaws sur la Wabash, près de Vincennes; les Weas, sur la même rivière. au nord des Piankeshaws; les Miamis près des lacs, les Péorias sur la rivière des Illinois, et les Mascas ou Mascontins (chez les auteurs français, *Gens des prairies*) sur les plaines entre la Wabash et l'Illinois. Nous savons encore que toutes ces bandes ou sous-tribus ne se considéraient que comme parties d'un seul peuple; qu'elles parlaient toutes des dialectes à peu près semblables et se rapportant beaucoup à celui des Miamis. Mais notre science se borne à ces premières notions.

Les Miamis n'habitaient point cependant au milieu des Illinois, et quoique d'après Mac-Kenney nous en ayons fait une partie de cette tribu, il est certain qu'ils faisaient tribu à part, résidant sur un territoire à part, ayant leur tradition à part. Cette tradition n'est autre chose qu'une délimitation géographique. « Mon grand-

Bancroft. « père, dit un orateur miami, alluma le premier
« feu à Détroit, il s'est étendu de là aux sources
« de la Sciota, et de ces sources à l'embouchure
« de cette rivière. Il s'est ensuite avancé le long
« de l'Ohio jusqu'à l'endroit où la Wabash le
« rencontre, et de là jusqu'à Chicago, sur le lac
« Michigan. »

On pourrait peut-être conclure de tout cela
que les Miamis, originairement tribu puissante,
furent forcés, lors de l'invasion des Iroquois, à
chercher vers l'ouest des asiles et des terrains
pour leurs chasses; que les bandes illinoises,
parlant le miami, se disant alliées par le sang
aux Miamis, étaient des émigrations de Miamis.
Mais ces conjectures, devenant certitudes, seraient d'une si faible importance, qu'il vaut
autant laisser ces tribus avec leurs obscures
origines.

Gallatin. Au nord des Illinois et au sud de la rivière
Wisconsin se trouvaient les Sacs et les Foxes
(*Renards*), qui s'appelaient eux-mêmes Saukies
Mac-Kenney. et Mesquakies. Sacs, Sauks, ou Saukies (1) est
dérivé du composé Asawwekée, qui signifie

---

(1) « Cette tribu s'appelle elle-même Saukies; les Français ont altéré ce nom et en ont fait les *Sacs*; les Anglo-
Américains, *Sauks*. » (Mac-Kenney, I, 75.)

terre jaune, et Mesquakies de Mesquawée, qui signifie *terre rouge*. Cette parenté d'étymologie, l'espèce de cohabitation des deux tribus, la ressemblance de leurs dialectes, viennent confirmer les traditions qui leur donnent une origine commune. L'une et l'autre se reconnaissent filles de la grande tribu des Chippeways.

Les Chippeways ou Ojibways (1), qui habitaient au sud du lac Supérieur, toute la région du cuivre, jusqu'à la baie Verte, et à l'ouest jusqu'à la rivière Rouge et le lac Winnipeg, semblent, en effet, la tribu-chef de toutes les tribus avoisinantes, et la tribu-refuge de tous les échappés de la guerre. Gallatin.

Les Sacs et les Renards (Foxes), comme nous venons de le voir, se disaient Chippeways.

Les Potowatomies (faiseurs de feu), qui étaient établis sur les îles Noquet, vers l'entrée de la baie Verte, dont le nom semble une revendication d'indépendance, une attestation de leur droit

Gallatin.

Schoolcraft.

___

(1) Ojibway paraît être le véritable nom indien; Chippeway est le même mot, mais corrompu à l'européenne, comme tous les noms des tribus indigènes de l'Amérique. C'est ainsi que de Muscogie nous avons fait Muscogulge, de Winneway, Illinois.—Voir sur ce sujet Schoolcraft, II, page 358.

Bancroft. d'allumer le feu du conseil, n'en étaient pas moins Chippeways.

Les Ottawas, chez les auteurs français Ou-tauais (c'est-à-dire, en algonquin, commerçants), qui habitaient, à l'arrivée des Européens , les bords de la rivière Ottawa (Canada), forcés par **F. Allouez.** les Iroquois de quitter cette contrée, se réfugiè-rent en partie au sud du lac Supérieur, chez les Chippeways.

F. Allouez. Les Menomonies, ou folles-avoines , comme les ont appelés les Français, en leur donnant le nom de la plante dont ils tiraient leur subsis-**Duponceau.** tance (malomin folle-avoine, riz sauvage), et qui résidaient, au sud des Chippeways, sur la rivière Menomonie , avaient de communes traditions **Geor. Johnston.** avec les Chippeways.

C'est assez constater, nous le croyons, la sou-veraineté des Chippeways sur toutes les tribus algonquines de l'Ouest; voyons quelque chose de plus sur les Menomonies.

Leur langage, dit Mac-Kenney, a fourni ma-tière à discussion. Il est particulier à cette tribu et sans aucune affinité avec les dialectes des **Malte-Brun.** contrées voisines. « Aucun blanc n'a jamais pu « l'apprendre (1). » Cependant, présume-t-on,

(1) Il ne faudrait pas croire que cette difficulté n'existe

c'est plutôt la prononciation que la structure de
la langue qui constitue la différence de cet
idiome aux autres idiomes algonquins. Il est
bon d'ajouter que, dans leurs relations avec les
peuplades voisines, les Menomonies se servaient
du chippeway, qui jouait dans cette partie de
l'Amérique du Nord le rôle international de
la langue française dans les affaires de l'Europe.

Les Menomonies, avons-nous dit, devaient
leur nom de folles-avoines aux moissons dont
ils tiraient leur subsistance. La manière dont se
faisait cette récolte est assez curieuse pour que
nous en disions quelque chose.

Cette folle-avoine est du riz sauvage qui pousse
dans l'eau, en sorte qu'une plaine de riz est un
vaste étang, un lac dont les eaux sont cachées
sous l'ondoyante moisson. Pour récolter, les Indiens se glissent, avec leurs canots, au milieu des

Voir les autorités citées.

Hennepin.

Mac-Kenney.

que pour le dialecte des Menomonies. Elle s'étend en général à toutes les langues américaines. Gallatin (*Transact.
of the american antiquarian Society*, vol. II, page 14) dit qu'aucun homme, arrivé à l'âge mûr, n'a pu acquérir une parfaite connaissance de la langue des Indiens. Deux exemples, deux mots pris au hasard laissent peu de doute à cet
égard : Machelemuxowagan signifie : celui qui honore;
Amangachgenimgussowagan : celui qui est élevé par la
louange.

5.

ondes frugifères, abaissent les épis ramassés en gerbes sur l'orifice des embarcations, les secouent pour en faire tomber la précieuse graine, puis les laissent reprendre leur première position. — Récolte vraiment admirable et on pourrait dire inventée pour l'Indien paresseux, qui hait la culture et même la moisson ! Ici, point de culture, et, pour la récolte, il n'est besoin que de tendre la main.

CHAPITRE V.

Les Sioux ou Dahcotas.

Entre les Menomonies, les Sacs, les Foxes et les Potowatomies, c'est-à-dire sur les bords des lacs Winnebago et Michigan, se trouvait une peuplade dont nous n'avons point parlé dans le chapitre précédent. C'étaient les Winnebagoes de la grande nation des Sioux ou Dahcotas. Gallatin.

Nouvelle nation, nouveau chapitre. Nous n'allons point cependant faire l'histoire complète des Sioux. Cela nous conduirait trop loin à l'ouest du Mississipi et nous ferait trop sortir des limites que nous nous sommes imposées pour ce premier livre. Les Sioux ou Dahcotas occupaient ce territoire immense compris entre le Mississipi, l'Arkansas et les montagnes Rocheuses. Nous réservons l'ethnographie des nombreuses tribus qui s'y trouvaient pour notre deuxième étude sur les Indiens. Nous ne parlerons dans ce chapitre que des Winnebagoes qui habitaient à l'est du

Mississipi, au milieu même des Algonquins, et qui, pour cette raison, rentrent dans notre sujet.

Les Algonquins leur avaient donné le nom de Winnebagoes ; les Français les appelaient Puants,

« parce qu'ils demeuraient autrefois dans certains lieux marécageux et pleins d'eaux puantes. » Une tribu siouse, les Omahaws, les nommaient *Horaje* ou *mangeurs de poisson*, et eux-mêmes se donnaient l'appellation de Hochungohroh ou nation de la Truite. Conservons-leur le nom plus connu de Winnebagoes.

Ils étaient venus, sans nul doute, de l'ouest du Mississipi ; mais quand et pourquoi se séparèrent-ils du groupe de leur nation et vinrent-ils comme s'interner au milieu des Algonquins pour s'unir

plus tard à ceux-ci et faire avec eux la guerre aux Sioux, leurs compatriotes, leur propre sang ? — On ne sait, disent Mac-Kenney et Gallatin.

Etait-ce incompatibilité d'humeur ?

Les Sioux, ainsi appelés par les Français de la dernière syllabe du mot Naudowes*sies*, qui signi-

fie *ennemis* en chippeway, se nommaient eux-mêmes *Dahcotas*, c'est-à-dire *confédérés*. Ils se donnaient aussi parfois le nom d'Ochente-Shakoans

(*les sept feux*), indiquant par là que la confédé-

ration comprenait sept tribus ; confédération de

vagabonds sanguinaires qui mettaient leur gloire
à tuer tous ceux qui n'étaient pas leurs alliés,
immolant, dans cette frénésie, leurs consanguins
comme les étrangers, les Dahcotas leurs parents   Williamson.
comme les Chippeways leurs ennemis. Seigneurs
des immenses prairies de l'Ouest, ils ne culti-
vent point, dit le P. Allouez; ils ne connaissent   Lewis and Clark.
que la guerre et la chasse, que la piraterie et le
pillage, disent Lewis et Clarke.

Les Winnebagoes, au contraire, étaient séden-   Charlevoix.
taires dans leur étroite contrée, en paix avec
leurs voisins les Algonquins, et s'unissant à eux
pour repousser les féroces Sioux.

Nous n'avons ni tradition ni histoire qui dise
pourquoi les Winnebagoes se séparèrent des Dahcotas; mais cette différence de caractère, d'habitudes, n'est-elle pas une raison suffisante? Les
Winnebagoes ne voulant point de la guerre continuelle, d'une vie continuellement errante, cher-
chèrent chez des peuplades plus tranquilles, la
tranquillité à laquelle ils aspiraient.

CHAPITRE VI.

Les Tsallakies ou Chérokies.

Tournons maintenant nos regards vers le sud, et voyons quelles nations se partageaient le territoire entre les Algonquins, le Mississipi et l'Atlantique.

Nous trouvons d'abord les Chérokies; encore un nom défiguré par les Européens. Il n'y avait point de Chérokies, mais des Chélakies ou plutôt des Tsallakies. Cette nation ne connaît point l'*r*, et par une de ces contradictions si ordinaires dans les choses humaines, nous avons introduit ce son guttural dans le mot qui la nomme. <small>Gallatin.</small>

<small>Schoolcraft.</small>

Ce nom, dit Adair, est dérivé de *chee-ra, feu* (lisez *chee-la*). Ils regardaient le feu comme le *ciel inférieur*. C'est de là qu'ils appelaient leurs mages *cheera-tahge, hommes possédés du feu divin* (1). <small>Adair.</small>

(1) «Chee-ra «fire» which is their reputed lower heaven,

Bancroft.   Ils occupaient environ cinquante petits villages disséminés entre le 34ᵉ et le 36ᵉ degré de latitude nord, depuis la région où la Savannah, la
Gallatin. Chattahouchée et l'Alabama ont leurs sources,
jusque vers les bords de la Tennessée et du Cumberland.

Adair.   Ils se divisaient en *gens de la plaine* (Ayrates) et
Balbi. en *grimpe-montagnes* (Ottares) (1).

   Cette division provient évidemment de la nature même du pays qu'habitaient les Chérokies,
pays le plus pittoresque de tous ceux situés à l'est
Bancroft. du Mississipi, dit Bancroft. « Ici, la roche escar-
pée élève jusque dans les nuages son front sour-
cilleux, défie l'éclair, semble se moquer des plus
terribles carillons de la foudre ; la, le penchant
gracieux d'une colline est couvert de magnolias
sur lesquels rôdent les grimpeurs; ailleurs, l'eau
jaillit de terre, abondante, transparente, ou s'é-
chappe du flanc de la montagne en cascade de
neige pour courir, sous les buissons de rhododen-
drons, sur un lit bordé de fleurs. Partout sur le sol
fertile pousse une herbe luxuriante dont s'en-

and hence they call their magi « Cheera-tahge » men pos-
sessed of the divine fire. »
       (*Amèrican-Indians*, by J. Adair, in-4, 1775.)
   (1) Ayrates, Ottares, encore des *r* qui sont sans doute des
l ou toute autre liquide dans la langue de cette nation.

graisse le chevreuil. La brise vivifiante est chargée de parfums et de fragrances, et porte aux échos les cris perçants de la hulotte ou la chanson de l'oiseau moqueur. De tous côtés coulent de belles rivières qui alleurent l'oiseau sauvage, tentent le pêcheur, invitent au bain les populations. »

Et l'invitation, quoique muette, n'est pas restée sans réponse.

« Les Chérokies sont extraordinairement propres et soigneux de leur personne, ce qu'il faut attribuer à leur habitude de se baigner souvent. Hommes, femmes, enfants, tous savent nager. Les femmes peuvent se baigner sans inquiétude, car toute conduite irrespectueuse envers elles serait punie de la haine générale. Un jeune blanc (1) ayant sollicité la main d'une Chérokie, elle refusa ses offres, alléguant pour raison qu'il n'était pas propre, qu'il ne se baignait point dans les rivières comme les Chérokies. L'ablution, chez ces peuples, était autrefois un usage religieux, et quoiqu'ils ne la considèrent plus main-

Meig.

(1) « La beauté du pays avait sans doute séduit les Euro_péens : Warden dit qu'en 1810 il y avait chez les Cherokées, vivant avec eux, trois cent quarante-un blancs, dont un tiers avaient épousé des Indiennes. » (Warden. vol. V. p .170.)

tenant sous ce point de vue, elle est cependant regardée par eux comme une pratique vertueuse. »

Aussi leur langue n'a-t-elle pas moins de treize verbes différents pour exprimer l'action de laver ; en voici quelques-uns :

Balbi.

Je me lave dans une rivière (ou-tu-wo) ;

Je me lave la tête (cule-stula) ;

Je lave la tête d'une autre personne (tse-stula);

Je me lave la figure (cu-cus-quo) ;

Je me lave les mains (ta-ca-sula).

Bancroft.

« Qui peut dire pendant combien de siècles, heureux dans leurs retraites indécouvertes, les Chérokies ont orné de plumes d'aigle la tête de leurs chefs de guerre et écouté les conseils de leurs vieillards bien-aimés ? »

D'après Schoolcraft, le nombre de ces siècles d'or ne serait point très-considérable, puisque

Schoolcraft.

cet auteur voit dans les Chérokies les Allighewis chassés par les Iroquois et les Lénapes. Il est certain qu'en rapprochant les noms considérés comme authentiques, on les trouve d'une ressemblance frappante. Tsallake et Tallighew sont, en effet, presque semblables. On peut donc se ranger à cette opinion que les Chérokies ou plutôt les Tsallakies sont une tribu tallighewienne qui

s'est trouvée repoussée vers le sud , lors de l'invasion des Iroquois et des Lénapes dans la vallée
du Mississipi.

CHAPITRE VII.

Les Catawbas.

A l'est des Tsallakies, jusqu'à la rivière du Cap-Fear, peut-être entre le 33ᶜ et le 35ᵉ parallèle (1), le pays était habité par les Catawbas.

Les cartes de Gallatin et de Schoolcraft.

Cette nation est à peu près éteinte aujourd'hui. On ne trouverait pas cent personnes parlant le catawba. Et cependant, lorsque les premiers blancs visitèrent cette contrée, les Catawbas comptaient quinze cents guerriers et se divisaient en vingt tribus dont les principales étaient les Catawbas propres, les Watarées, les Eenos, les Chowans, les Conggarées, les Nachées, les Coosahs, les Saraws, les Esaws, les Suggerées, etc.

Mac-Kenney.

Bancroft.

Drayton.

Comparez Balbi Adair, Drayton Gallatin et Lawson's Travel

Outre ces tribus, qui parlaient chacune un dialecte différent, il y avait, plus rapprochés des Tuscaroras, les Woccons, qui habitaient au commencement du xviiiᵉ siècle deux petites villes dans la Caroline du Nord et dont la langue montrait de l'affinité avec le catawba.

Balbi.

Lawson.

(1) « On ne peut affirmer l'étendue du territoire des Catawbas, » dit Gallatin. (*Trans. of antiq. amer. soc.*, v. II, p. 87).

Mais c'est là tout ce qu'on sait sur ces idiomes dont il n'y a point de vocabulaires et que pour cette raison l'on n'a pu comparer ensemble.

On tombe dans le même vague, dans les mêmes ténèbres, quand on veut pénétrer l'origine des Catawbas. On sait qu'ils étaient nouveaux sur leur territoire, au sud des Tuscaroras, à l'est des Tsállakies. Mais on ignore à quelle date précise ils s'y établirent, de quelle contrée ils étaient sortis. Ils arrivaient du nord; mais de quel point dans le nord? Schoolcraft croit tantôt que ce sont les Eriés, et tantôt qu'ils étaient Canadiens. Mais on restera toujours dans l'incertitude, tant qu'on n'aura point de vocabulaires à comparer; et il devient de plus en plus difficile de songer à de semblables travaux. Les Eriés ont disparu sans laisser d'autres traces que leur nom; « on ne rencontre aujourd'hui dans le Canada que six hameaux de sauvages devenus chrétiens. » Les Catawbas, qui dès 1810 étaient réduits à deux cents individus, n'atteignent peut-être plus le nombre cent. Et partout ces malheureux restes de la race rouge tombent victimes « des liqueurs fortes, de la petite vérole et d'une autre maladie non moins repoussante et destructive. »

Chateaubriand.

Warden.

Bancroft.

Warden.

De Tocqueville.

CHAPITRE VIII.

Les Apalachites ou Muskogée-Choota.

Sur la rive droite de la Savannah, résidaient les Yamassées, peuplade assez avancée en civilisation, et que Balbi considère comme une tribu catawba. Mais, en cela, Balbi se trompe, paraît-il. Les Yamassées doivent être considérés comme faisant partie du grand groupe des Apalachites.

Bartram.

Schoolcraft.

Carte de Gallati

Les Apalachites occupaient la vaste contrée entre le Mississipi, les Cherokies, les Catawbas, la Savannah, l'Atlantique et le golfe du Mexique.

Bancroft.

Il est très-probable que ce nom d'Apalachites est un terme géographique qui ne nommait d'abord que les habitants des bords d'Aapalache-bay et de la rivière Apalachicola, et qui a fini par désigner toutes les tribus se servant de la langue parlée aux environs de cette baie et de cette rivière.

Davis.

Gallatin.

Toutes les tribus comprises dans les limites que nous avons tracées plus haut se servaient,

en effet, de la même langue, ou de dialectes de
Dumont. la même langue, la mobile, ou langue vulgaire,
comme l'ont nommée les historiens et les voya-
Dupratz. geurs français. Il faut cependant excepter les
Uchées et les Natchez, deux petites peuplades,
deux petites nations, qui avaient chacune leur
idiome, et dont nous parlerons un peu plus loin.
Eu égard au langage, les Apalachites pourraient
donc conserver le nom de Mobilians, que leur
ont donné quelques auteurs.

Mais comme ce nom de Mobilians ou Mobiles
appartenait particulièrement à une tribu résidant
sur la rivière Mobile, Gallatin a trouvé plus con-
venable d'appeler cette langue Muskhogee-chocta,
du nom de deux confédérations de tribus qui
la parlaient et qui semblent l'avoir formée par
la fusion de leurs idiomes primitifs.

Car il n'y avait pas qu'un seul peuple sur cette
partie méridionale de l'Amérique du Nord; il y
avait les Creeks ou Muscogulges (Muskhogee
francisé), les Choctas et les Chickasaws, trois confédérations qui comprenaient une foule de petites
tribus et dont nous allons successivement nous
occuper.

Voyons d'abord les Creeks ou Muscogulges.

Lorsque la Géorgie fut fondée en 1732, le ter-

ritoire de la confédération creek, renfermant les
Seminoles, était borné à l'ouest par la Mobile et Gallatin.
les hauteurs qui séparent le bassin de la Tom-
bigbee de celui de l'Alabama, au nord par les
Tsallakies, au nord-est par la Savannah, à l'est
et au sud par la mer.

Creeks n'est point un nom indien : il est
anglais. Cette contrée est tellement coupée de Warden.
belles petites rivières formant de nombreuses
criques, que les Anglais ont donné ce nom aux Bancroft.
habitants indigènes.

Cette confédération des Creeks comprenait plu- Schoolcraft.
sieurs tribus parlant différents dialectes du
muscogulge. C'étaient :

Les Muscogulges propres, tribu-chef ou plu- Gallatin.
tôt conquérante, dont les villages étaient situés Chateaubriand.
au sud des Tsallakies, entre la Flint et la Coosa; Warden.

Les Hitchitties, qui résidaient sur la Chatta- Gal'atin.
houchie et la Flint;

Les Alibamas et les Coosadas ou Quesadas, Schoolcraft.
établis sur les rives de la Talapoosa;

Les Yamassées, dont nous avons déjà parlé,
qui occupaient la rive droite de la Savannah;

Les Seminoles ou Isty-Semole (hommes sau- Gallatin.
vages), qui habitaient la péninsule de la Floride.
Les Seminoles, comme leur nom l'indique,

étaient des chasseurs toujours errants. Mais il
est probable que les bandes sauvages de la Floride n'appartenaient pas toutes aux Seminoles
proprement dits ; il y en avait qui se recru-
taient de tous les Creeks paresseux, préférant
la vie oisive du chasseur vagabond à la vie oc-
cupée de Creek agriculteur.

Sans pouvoir dire exactement à quelle date
remonte cette confédération, on sait qu'elle est
de formation récente. Quelque temps après l'expédition de Ferdinand de Soto dans cette partie
de l'Amérique , les Muscogulges, partis du
Mexique, arrivèrent sur l'Alabama, conquirent
un grand nombre de tribus, telles que les Alibamas, les Coosas, les Oconies, les Ockmulgies,
les Talapoosas, les Yamassées, etc., et les re-
lièrent sans doute par une sorte de pacte fédératif.

Passons maintenant aux Choctas et aux Chickasaws.

Entre la Mobile, le Mississipi, l'Ohio et une
ligne tirée de la courbure du Cumberland aux
Muscle-Shoals de la Tennessée se trouvaient, au
nord les Chickasaws, et au sud les Choctas.

Ces deux nations étaient bien différentes de
mœurs et de caractères. Les Chickasaws étaient

Marginal notes: Mac-Kenney. — Schoolcraft. — J. Pickett. — Balbi. — Gallatin. — Bancroft. — Gallatin.

braves, guerriers invincibles, en état continuel
d'hostilités avec tous leurs voisins, les Tsallakies,
les Illinois, les Arkansas ; tandis que les Choctas
formaient une peuplade paisible, agricole, chez Voyez Adair Bancroft, Gallatin.
laquelle (ô honte pour l'indigène américain!) les
hommes aidaient les femmes dans le travail des
champs.

Malgré cette dissemblance de mœurs et de caractères, les Choctas et les Chickasaws parlaient,
quoiqu'avec une légère différence, le mobilian,
ou plutôt le chickasaw ; car le mobilian n'est que Gallatin.
le chickasaw corrompu. Remarquons alors com-
bien peu devaient se ressembler la langue des
Chickasaws et celle des Creeks, si ceux-ci ne
parlaient, selon toute probabilité qu'un mobilian
corrompu et mélangé de muscogulge, c'est-à-
dire fortement mélangé d'expressions étrangères,
les Muscogulges étant vainqueurs et Mexicains.
Aussi hésite-t-on quand il s'agit d'affirmer la parenté de l'idiome muscogulge et de la langue
chocta ; on marie les deux noms comme l'a fait
Gallatin ; mais ce mariage n'efface point la diversité des deux familles que l'on retrouve dans les
vocabulaires.

Les Choctas ayant perdu l'histoire de leur migration, ou pénétrés d'un filial amour pour la Gallat·n.

terre qu'ils cultivaient et qui les nourrissait, se disaient sortis de ses entrailles. Mais les Chickasaws avaient une tradition qui mérite d'être rapportée.

Ils venaient de l'ouest (1).

Schoocraft.

Quand ils furent sur le point de partir, ils furent munis d'un grand chien pour gardien et d'un long bâton pour conducteur. Le chien devait les garder des ennemis en annonçant et leur approche et de quel côté ils arrivaient. La perche, plantée le soir en terre, devait leur indiquer, le lendemain (sans doute par son inclinaison), la route à suivre. C'était, pourrait-on dire, aller comme le vent les poussait.

Ils arrivent, ainsi conduits et guidés, jusqu'au Mississipi, qu'ils traversent. Ils continuent leur marche jusqu'au pays où est maintenant Huntsville (Alabama). Là, la perche est indécise

(1) Chateaubriand (sans doute d'après les historiens français du siècle dernier) dit qu'ils venaient du Pérou, chassés de leur terre natale par l'invasion des Espagnols. Mais la conquête du Pérou eut lieu de 1530 à 1540; du Pérou au Mississipi, il n'y a pas moins de douze cents lieues, et pourtant en 1540-41 Ferdinand de Soto passa l'hiver dans une ville des Chickasaws, à l'est du Mississipi. — La version de Chateaubriand n'est pas croyable. Nous préférons la vague tradition des Indiens : « Nous sommes venus de l'Ouest. »

pendant quelques jours; autrement dire : l'air était calme, le vent soufflait à peine. Enfin le bâton-guide montre le sud-ouest; ils prennent cette direction, pour ne s'arrêter qu'à Chickasaw Old-Field (vieux territoire des Chickasaws), où la perche se tint parfaitement droite. Elle était sans doute suffisamment enfoncée et la brise très-faible ne pouvait l'incliner. Les Chickasaws avaient trouvé la terre promise; ils y sont restés jusqu'en 1837 et 38, époque à laquelle ils ont émigré à l'ouest de l'Arkansas.

Pendant que la perche était incertaine, à Huntsville, les plus impatients poussèrent vers l'est et vinrent chez les Creeks. Quand le reste de cette nation nomade fut établi dans Old-Field, on envoya chercher les autres; ils répondirent aux envoyés qu'ils étaient fatigués et voulaient se reposer un peu dans ce pays. Ils y sont restés sous le nom de Cash-eh-tah et sont devenus une nation séparée.

Le grand chien fut perdu dans le Mississipi. Les Chickasaws ont toujours cru qu'il était entré dans quelque trou de cloaque; ils prétendaient pouvoir entendre ses hurlements. Quand les guerriers prenaient des chevelures, on les donnait aux enfants pour aller les jeter dans le

6.

cloaque du chien. Après les avoir jetées, ces enfants revenaient effrayés, en courant; mais s'il en tombait quelqu'un dans cette course, les Chickasaws étaient persuadés qu'il serait tué ou pris par les ennemis.

Voilà pour l'origine des Chickasaws; voyons leur gouvernement.

Chateaubriand parle, dans son voyage d'Amérique, d'une sorte de monarchie constitutionnelle établie chez les Muscogulges. Schoolcraft dit que c'était chez les Chickasaws. Ce roi constitutionnel portait le nom de Mico ou Minko, comme les rois égyptiens celui de Pharaons. Il y avait un clan ou famille de ce nom d'où le roi était toujours tiré. Cette charge, quoique élective, était donc héréditaire dans une famille. Au-dessous du Mico se trouvait un conseil de vieillards qui décidaient de la paix et de la guerre, et appliquaient les ordres du Mico; car, dans ce royaume d'une nouvelle espèce, le pouvoir exécutif était entre les mains des conseillers et le législatif confié au Mico. Les Chickasaws pensaient peut-être qu'un seul homme est plus capable de légiférer et une assemblée d'exécuter; qu'entre les mains d'un seul, la force peut devenir oppressive, qu'entre les mains de plusieurs elle ne peut être que protectrice.

Il ne nous reste plus, pour terminer cette ethnographie, qu'à parler de deux petites peuplades, les Uchées et les Natchez, qui occupaient deux enclaves sur le territoire des Muscogee-Chocta.

C'est ce que nous allons faire dans ce chapitre et dans le suivant.

Les Uchées habitaient, dans le principe, à l'est Gallatin. de la Coosa et probablement de la Chattahouchie.

Ils réclamaient sur la Savannah les terres comprises entre le 33ᵉ et le 34ᵉ degré de latitude.

Mais nous savons peu de chose sur cette petite nation qui n'a pour la distinguer des autres tribus de cette contrée qu'une langue, à elle parti- Mac-Kenney. culière, la plus dure et la plus gutturale des langues indiennes de cette partie de l'Amérique, et surtout la plus difficile à exprimer au moyen des Gallatin. alphabets européens.

Aucune organisation politique, aucune que

Bancroft. nous connaissions du moins, ne reliait les Uchées
entre eux ; aussi, quand nous aurons rapporté
qu'ils se considéraient comme les plus anciens
Gallatin. habitants de cette région , qu'ils ont plus tard
fait partie de la confédération Creek , nous au-
Bancroft. rons terminé leur histoire (1).

(1) « On remarque, dit Chateaubriand, dans la confédération des Creeks, les sauvages qui habitent le beau village
d'Uche, composé de deux mille habitants et qui peut ar-
mer cinq cents guerriers. Ces sauvages parlent la langue
savanna ou savantica, langue radicalement différente de
la langue muscogulge. Les alliés du village d'Uche sont
ordinairement, dans le conseil, d'un avis différent des
autres alliés qui les voient avec jalousie ; mais on est assez sage de part et d'autre pour n'en pas venir à une rup-
ture. » (*Voyage en Amérique*, les Muscogulges.)

Entre les Chickasaws et les Choctas, les Nat- Dumont.
chez occupaient, sur le Mississipi et l'Yazoo, le
canton le plus beau, le plus fertile et le plus peu- Charlevoix.
plé de toute l'ancienne Louisiane française.

La tradition des Natchez, « l'ancienne parole, » Duprats.
dit que leurs ancêtres, établis vers le coucher du
soleil, s'allièrent aux guerriers du feu quand
ceux-ci vinrent sur leurs villages flottants enva-
hir les régions d'Anahuac. Mais lorsque l'héri- Roux de Rochell
tage des caciques fut subjugué par les hommes
blancs, les Natchez furent attaqués à leur tour,
et pour sauver leur indépendance, ils s'expatriè-
rent et gagnèrent ainsi de proche en proche les
bords du Mississipi.

Nous admettons volontiers cette tradition, mais
avec cette restriction que les Natchez n'en étaient
pas à leur première migration. Leurs institutions, leurs coutumes n'ont, pour ainsi dire, rien
de commun avec celles des Mexicains. Mais si on

les compare à celles des Indiens de Bogota (nouveau royaume de Grenade), ou à celles des Péruviens, on trouve plusieurs points de ressemblance.

Charlevoix.

Zarate.
Les Natchez et les Péruviens adoraient le soleil,
dont les incas prétendaient descendre ainsi que
les grands soleils des Natchez.

Robertson.
A Bogota, le soleil et la lune étaient les principaux objets de la vénération publique.

Chez ces trois peuples, le gouvernement avait
pour base la religion; les chefs du gouvernement étaient les représentants de la divinité; ils
étaient la religion elle-même dans toute la force
du mot (religio-religare); conséquence néces-
saire, le despotisme le plus complet.

L'ignorance est la mère de la servitude. Chez
ces peuples sans connaissances astronomiques,
physiques, physiologiques, ces absurdes idées
sur le soleil et leurs despotes étaient aussi soli-
dement établies que le soleil lui-même. Tous
croyaient à cette parenté de leurs chefs avec le
soleil, avec Dieu. Aussi incas et grands soleils
étaient-ils l'objet d'une vénération sans pareille.

Les plus puissants Péruviens ne se présentaient
Robertson. devant l'inca régnant « qu'avec un fardeau sur
les épaules, comme un emblème de la servitude

et une disposition à se soumettre à toutes les vo-
lontés de l'inca. »

« Il était obéi partout jusque-là qu'il pouvait, Zarate.
seul et sans aucun secours de soldats, exterminer
une province entière et y faire périr hommes et
femmes. »

De même à Bogota. Le roi ou chef gouvernait
avec un pouvoir absolu; il ne paraissait jamais Herrera.
en public sans une suite nombreuse; personne
n'osait le regarder en face, ni même s'approcher
de lui autrement qu'en détournant la tête.

De même aussi chez les Natchez. « Le grand Extrait de
Charlevoix.
chef portait le nom de soleil, et c'était toujours le
fils de sa plus proche parente qui lui succédait.
On donnait à cette femme la qualité de femme-
chef, et quoique, pour l'ordinaire, elle ne se mê-
lât pas de gouvernement, on lui rendait de
grands honneurs. Elle avait même, aussi bien
que le soleil, droit de vie et de mort. Dès que
quelqu'un avait eu le malheur de déplaire à l'un
ou à l'autre, ils ordonnaient à leurs gardes (allouez) de le tuer. « Va me défaire de ce chien ! »
disaient-ils, et ils étaient obéis sur-le-champ.
Leurs sujets et les chefs mêmes des villages ne
les abordaient jamais qu'ils ne les saluassent trois
fois, en poussant une espèce de hurlement; de
même en se retirant à reculons. »

Charlevoix,
Robertson et
Garcilasso de
la Vega.

Le culte dont les Péruviens honoraient le soleil était aussi à peu près le même chez les Natchez. Ni les uns ni les autres ne souillaient de
sang humain les autels de la divinité.

Zarate.

« Les Péruviens offraient au soleil une partie
des substances que la chaleur fait produire à la
terre. »

Zarate.

« Ils lui offraient aussi des figures ou des ima-
ges d'or et d'argent qui représentaient les choses
pour lesquelles ils lui adressaient leurs prières. »

Charlevoix,
Laflau.
Dumont.

Les Natchez offraient tous les ans les prémices
de toutes leurs récoltes.

Rappelons maintenant quelques particularités
des Mexicains, pour compléter notre comparaison.

Voyez Herrera,
Torquemada,
Robertson.

Le pouvoir des monarques mexicains était
grand ; mais il paraît pourtant que ce pouvoir
était restreint par une constitution sinon écrite,
avouée, du moins subie.

Si les Mexicains adoraient le soleil, ce n'était
point leur seule, leur principale divinité (1).

Voici comment Bulloch décrit la plus grande
et la plus célèbre des divinités mexicaines.

« Ce monstre horrible et colossal a été taillé

(1) « A la cime des grands teocallis mexicains se trouvaient deux statues colossales du soleil et de la lune. »
(Humboldt, *Vues des Cordillières*, in-folio, p. 26.)

dans un bloc de basalte de neuf pieds de haut, et se compose de la figure humaine difforme, unie à tout ce que la structure du tigre et du serpent à sonnettes offre de plus affreux. Deux grands serpents lui tiennent lieu de bras, et sa draperie est composée de vipères entortillées en anneaux de la manière la plus dégoûtante. Deux ailes de vautour terminent ses côtés; ses pieds sont ceux du tigre, avec les griffes étendues pour saisir sa proie, et au milieu d'eux paraît la tête d'un autre serpent à sonnettes qui semble descendre du corps de l'idole. Ses ornements s'accordent avec sa hideuse forme : c'est un large collier de cœurs humains, de crânes et de mains enfilés par des entrailles et couvrant entièrement la poitrine, à l'exception des seins difformes de la statue. Elle a évidemment été peinte des couleurs naturelles, qui devaient beaucoup ajouter au terrible effet qu'elle était destinée à produire sur ses adorateurs. »

Nous ne pousserons point plus loin ces parallèles, ces comparaisons. Nous voulions appuyer notre assertion que les Natchez n'étaient point Mexicains; nous croyons l'avoir fait suffisamment. Le lecteur qui désirera de plus amples connaissances sur cette matière pourra remonter à nos sources; il trouvera là bien d'autres différences que nous ne pouvons consigner ici sans tomber dans la prolixité.

Ce point à peu près éclairci, c'est-à-dire que les Natchez devaient appartenir plutôt à la famille péruvienne qu'à la famille mexicaine, nous reprenons leur ethnographie.

Dumont.

Bancroft.

Il paraîtrait qu'à l'époque des premiers voyageurs, cette nation occupait cinq villages éloignés l'un de l'autre d'une demi-lieue; que celui qu'on appelait le Grand-Village, où demeurait le chef principal de cette nation, était bâti le long d'une petite rivière appelée la Rivière-Blanche; que ce fut à l'ouest de ce village, sur une colline, que les Français construisirent le célèbre

Dupratz.

Balbi.

fort Rosalie (1); qu'enfin les Natchez se divisaient en Natchez et Taensas. Mais nous ne voyons point ce qui distinguait une tribu de l'autre, ce que signifiait cette division.

Le langage des Natchez offrait d'étranges particularités: il y avait la langue des nobles et celle

Dupratz.

du peuple. « Les femmes parlent le même langage que les hommes; mais elles sont mignardes dans leur manière de prononcer, au lieu que les

(1) Du nom de la femme du chancelier Pontchartrain.

hommes ont la parole plus sérieuse et plus grave ;
et cette prononciation différente est si sensible,
que les hommes, et même les femmes, se mo-
quent de ceux qui parlent comme elles. » — « Le
Grand Soleil dit un jour au dernier interprète :
*Apprends donc à parler à des hommes ; tu parles
la même langue que les femmes.* »

Si nous en croyons le capitaine Bossu, l'ado-
ration du soleil occasionnait, chez les Natchez,
une assez singulière fête journalière.

Nous allons terminer ce chapitre et notre histoire géographique des aborigènes de la contrée
à l'est du Mississipi par la description de cette
fête.

« Le grand prêtre devançait le lever du soleil, Bossu.
et marchait à la tête du peuple d'un pas grave,
ayant le calumet de paix à la main ; il fumait en
son honneur, et lui soufflait la première bouffée
de tabac. Aussitôt que cet astre commençait à
paraître, les assistants hurlaient successivement
après le grand prêtre, en le contemplant, les bras
élevés vers le ciel. Ils se prosternaient ensuite
contre la terre. Les femmes amenaient leurs enfants et les faisaient tenir dans une posture religieuse. »

CHAPITRE XI.

Comment l'Amérique a-t-elle été peuplée?

« Lorsque Colomb avait promis un nouvel hémisphère, on lui avait soutenu que cet hémisphère ne pouvait exister, et, quand il l'eut découvert, on prétendit qu'il avait été connu depuis longtemps. Je ne parle pas ici d'un Martin Béhem de Nuremberg, qui, dit-on, alla de Nuremberg au détroit de Magellan, en 1460, avec une patente d'une duchesse de Bourgogne, qui, ne régnant pas alors, ne pouvait donner de patentes. Je ne parle pas des prétendues cartes qu'on montre de ce Martin Béhem, et des contradictions qui décréditent cette fable. Mais enfin ce Martin Béhem n'avait pas peuplé l'Amérique (1). On en faisait honneur aux Carthaginois, et on citait un livre d'Aristote qu'il n'a point composé. Quelques-uns

(1) Voir sur Martin Béhem, notes du livre II de l'*Histoire de l'Amérique*, de Robertson. — *Histoire de la Géographie du nouveau monde*, de Humboldt, etc., et Cantu, *Histoire universelle*, XIII, p. 76.

ont cru trouver de la ressemblance entre des paroles caraïbes et des mots hébreux, et n'ont pas
manqué de suivre une si belle ouverture. D'autres ont su que les enfants de Noé, s'étant établis
en Sibérie, passèrent de là au Canada, allèrent
peupler le Pérou... Il fallait absolument qu'un
arrière-petit-fils de Noé eût peuplé l'Amérique.»
(Voltaire, *Mœurs et esprit des nations.*)

Voltaire a frappé juste : il fallait absolument
qu'un arrière-petit-fils de Noé eût peuplé l'Amérique. Sans cela la Bible se trouvait une fois de
plus en contradiction avec l'expérience des siècles et la religion manquait par la base.

C'est là le secret d'une partie des absurdités
que l'on publie sur ce sujet depuis deux siècles.
L'ignorance et l'esprit de système ont fait le
reste; de sorte qu'il n'y a peut-être pas de nation,
de peuplade, dans l'ancien continent, qui ne se
trouve aujourd'hui, dans les livres, la mère des
Indiens rouges d'Amérique.

«On a supposé tour à tour, dit Robertson,
que les Juifs, les Carthaginois, les Grecs, les
Scythes avaient, dans les temps anciens, formé
des établissements sur cet hémisphère occiden-
tal. On a dit que, dans les temps postérieurs, les
Chinois, les Suédois, les Norwégiens, les Gallois,

les Espagnols y avaient envoyé des colonies en différentes circonstances et à des époques diverses (1). »

Mais, de toutes les opinions, la plus suivie, surtout dans notre siècle, est celle qui fait peupler l'Amérique par les Tartares-Mongols de l'Asie septentrionale.

Seulement, il faudrait s'entendre et préciser. Est-ce bien des Mongols qu'on veut faire descendre les Américains? Alors, comme le fait remarquer Humboldt, c'est déplacer la question sans la résoudre. Les Mongols descendent peut-être des Américains. « Les ténèbres qui enveloppent l'origine des peuples mongols et tartares paraissent s'étendre sur toute l'histoire du nouveau continent. » — Mais peut-être, en disant : Tar-

(1) Charlevoix dit à ce sujet : «Après avoir lu tout ce qui a été écrit sur la manière dont l'Amérique a pu être peuplée, il me paraît qu'on est aussi peu avancé qu'on pouvait l'être avant qu'on eût agité cette grande question. Cependant on ferait un juste volume, si on voulait seulement rapporter les différentes opinions des savants sur ce sujet. Mais la plupart ont tellement donné dans la chimère; presque tous ont appuyé leurs conjectures sur des fondements si ruineux, ou ont eu recours à des convenances de noms, de mœurs, de coutumes; de religion et de langages si frivoles, qu'il est, ce me semble, aussi inutile de les réfuter qu'impossible de les concilier. »

(*Journal d'un voyage fait par ordre du roi.*)

tares-Mongols de l'Asie septentrionale, a-t-on en
vue les Tchouktchis de la province d'Okhotsk,
Rienzi. « bien faits, pauvres et indépendants? » La ressemblance entre les Tchouktchis et les Indiens de
l'Amérique est grande; seulement ils parlent
Balbi. une langue évidemment sœur des idiomes américains; ce qui oblige à considérer cette petite
peuplade comme une colonie sortie du nouveau
monde.

· Cette réserve faite en passant, nous continuons
notre argumentation et nos recherches.

· Nous admettons toutes les prétentions, tous les
passages, tous les voyages, toutes les implanta-
tions humaines dans l'Amérique dont nous avons
parlé plus haut. Qu'en résulte-t-il ?

-- Ou que le mélange de tant de peuples a produit une nouvelle race, la race rouge, type un,
étonnamment identique dans toutes les régions
du double continent américain ;

Ou qu'une seule des nations émigrantes a pré-
Schoolcraft. valu sur toutes les autres, et que son type est le
type américain.

La première supposition se trouve combattue
par l'expérience faite dans le vieux monde. Si le
mélange de tous les peuples sur un territoire devait donner pour résultante une race nouvelle en

effaçant les caractéristiques de la race première
occupante, ce phénomène se serait depuis longtemps manifesté dans la race blanche d'Europe.
Quelle contrée a reçu autant d'émigrants de si
diverses couleurs? Il est inutile de raconter cette
longue histoire. Les blancs sont cependant restés
les blancs. C'est que, généralement parlant, les
races absorbent et s'assimilent. Tous les éléments
hétérogènes se perdent dans ces océans humains,
comme les fleuves disparaissent dans les mers où
ils tombent. Deux races peuvent subsister côte à
côte sur le même territoire pendant un certain
temps (ainsi font en ce moment les rouges et les
blancs en Amérique), conservant leurs traits distinctifs; mais peu à peu la plus nombreuse, la
plus puissante absorbe la plus faible. Tels le
Mississipi et le Missouri roulent ensemble, l'espace de quelques lieues, leurs eaux réunies et
séparées; mais bientôt la masse la plus considérable absorbe la moindre et semble se l'assimi-
ler (1).

(1) A moins que ce ne soient les différents climats qui
produisent les différentes couleurs de la peau. Mais voilà
trois siècles et demi que les Européens se sont emparés
de l'Amérique, et nous n'avons encore ni vu ni appris que
la métamorphose des blancs ou noirs en rouges ait commencé.

Cette supposition ne méritait peut-être point la discussion. Il est bon cependant de démontrer l'absurdité des choses absurdes.

Nous passons à notre seconde hypothèse :

Une seule des nations émigrantes a prévalu sur toutes les autres ; son type en conséquence est le type américain même.

C'est tout bonnement revenir à la question : Les Américains sont-ils des Tartares-Mongols ? Sinon, d'où tirent-ils leur origine ?

Humboldt répond ainsi à cette question :

« Il y a de l'analogie entre les Américains et la race mongole. Cette analogie se présente surtout dans la couleur de la peau et des cheveux, dans le peu de barbe, dans les pommettes saillantes et dans la direction des yeux. On ne peut se refuser d'admettre que l'espèce humaine n'offre pas de races plus voisines que le sont celles des Américains, des Mongols, des Mantchoux et des Malais. Mais la ressemblance de quelques traits ne constitue pas une identité de race. »

Non ! il faut plus que cela ; il faut que l'ostéologie ne rencontre point de différences trop marquées.

Car, « en admettant, » dit M. Bérard (*Cours de physiologie*), ce qui est loin d'être prouvé, « que

les climats puissent faire d'un nègre un blanc,
nous ne pourrions comprendre comment cette
influence pourrait changer la forme du crâne et
des os de la face, engendrer un nez épaté ou faire
disparaître presque complétement l'édifice osseux de cette partie, substituer à la forme gra-
cieuse et ovalaire de la tête la forme pyramidale
et losangique... On n'a pas assisté, chez l'homme,
à de semblables transformations. »

A plus forte raison, ces transformations n'ont-
elles pas dû s'opérer lorsque la couleur de la
peau n'a point varié.

Si donc, les Américains sont des Tartares, des
Mongols, comme on le dit, sur cette considération que les uns et les autres sont bruns (rouge
foncé, couleur de cannelle), comment se fait-il que
le système osseux n'est plus le même? car l'anatomie les trouve différents les uns des autres
sous ce rapport.

Voici le portrait que M. Bérard fait des Mongols, dont il emprunte, dit-il, les détails à Des-
moulins :

« Membres forts et trapus, jambes courtes et
arquées en dehors; tête relativement très-volu-
mineuse, enfoncée entre les épaules; fente des
paupières petite, courte et comme linéaire; sail-

.lie des pommettes et convergence des tempes
.très-prononcées; chevelure rude, droite, noire et
très - longue..... Les Huns conduits par Attila
étaient de cette race (1). Les Huns, dit Jornandès,
sont laids, noirs, petits; leurs yeux sont petits et
·de travers, leur nez écrasé; leur visage sans barbe
ressemble à une tourte difforme. Voici ce que
Priscus dit d'Attila : Sa taille était courte, sa poitrine large, sa tête démesurément grande, ses
yeux petits, sa barbe rare, son nez épaté, sa peau
noire. » (Noire, ici, signifie brune.)

Voyons maintenant la description du type
américain.

· Théodore de Bry nous a laissé, d'après les dessins d'un peintre français, Jacques Lemoyne, des
gravures qui représentent les Indiens dans toutes
les situations de la vie sauvage. Mac-Kenney nous
donne aussi de magnifiques estampes coloriées
des principaux chefs indiens contemporains. En
rapprochant ces gravures et estampes du portrait
des Mongols, nous trouvons un contraste bien

---

(1) « La race américaine a des rapports très-sensibles
avec celle des peuples mongols, qui renferme les descen-
dants de Hiong-Nu, connus jadis sous le nom de Huns,
les Kalkas, les Kalmuks et les Burattes. » (Humboldt,
Vues des Cordillières, Introduction.)

marqué. Au lieu d'hommes forts, trapus, petits, à jambes courtes et arquées, tête volumineuse enfoncée entre les épaules, etc., nous voyons des formes élancées, cou long, tête superbe, nez arqué, héroïque, comme quelques-uns l'ont appelé. Voilà ce qui frappe à l'examen de ces dessins, et ce qui est confirmé par les voyageurs et les observateurs.

« Les sauvages ont le corps bien fait ; ils sont grands, robustes, alertes, endurcis au froid et à la fatigue. »   *Lettres édifiantes.*

« Pour vous donner l'idée d'un sauvage, représentez-vous un grand homme, fort, agile, d'un teint basané, sans barbe, avec des cheveux noirs, des dents plus blanches que l'ivoire. »   *Idem.*

« Les aborigènes de l'Amérique se distinguent par des traits particuliers à eux-mêmes. »   **Mac-Kenney.**

De plus, « l'ostéologie nous apprend que le crâne de l'Américain diffère assez de celui de la race mongole. L'Américain a les os des pommettes presque aussi proéminents que le Mongol, mais les contours en sont plus arrondis, à angles moins aigus. La mâchoire inférieure est plus large que chez le nègre, les branches en sont moins écartées que dans la race mongole ; l'os occipital est moins bombé, et les protubérances qui correspondent au cervelet peu sensibles. »   **Humboldt.**

« Il n'y a pas de race sur le globe dans laquelle l'os frontal soit plus déprimé en arrière, ou qui ait moins de front. »

Ajoutons à tous ces témoignages le témoignage de Malte-Brun :

« L'anatomie nous fait reconnaître, chez les Américains, des arcs sourciliers plus marqués, des orbites plus profondes, des pommettes plus arrondies et mieux dessinées, des tempes plus unies, les branches de la mâchoire inférieure moins écartées, l'os occipital moins bombé et une ligne faciale plus inclinée que chez la race mongole, avec laquelle on a voulu quelquefois les confondre. »

Voilà déjà de bien fortes raisons contre l'idée que les Américains rouges sont sortis d'une région quelconque de l'ancien continent. Poursuivons nos recherches, nous en trouverons de bien plus concluantes encore.

Entrons dans la tribu, pénétrons dans le wigwam, examinons l'organisation politique et sociale, observons l'individu moral, les caractères, les coutumes; interrogeons l'industrie, la religion, les langues; empruntons des flambeaux à toutes les sciences, afin d'éclairer, de montrer, sous leur vrai jour, tous les faits, toutes les actions de la vie sauvage; et nous allons voir se détacher du cadre de l'humanité, telle que nous la connaissons, cette race rouge que des auteurs peu judicieux se sont efforcés de rattacher à l'ancien monde.

Leur raisonnement, du reste, prouve que nous ne sommes point trop sévère à leur égard. « Si nous trouvons, disaient-ils, des ressemblances entre les Indiens et les peuples de l'ancien continent, des habitudes, des croyances communes, c'est que les Indiens sont originaires de l'Asie ou de l'Europe. » Et ils ont pressé, dénaturé les choses pour avoir des points de comparaison. Mais ils auraient dû ajouter : «Si les différences sont bien plus nombreuses que les ressemblances, s'il est impossible d'expliquer ces différences, à moins d'accuser un génie particulier à la race rouge ; si, d'autre part, les ressemblances sont faiblement ressemblantes, ou explicables autrement qu'en leur cherchant une origine européenne ou asiatique ; si, enfin, les Américains n'avaient point ce qui constitue, dans l'ancien monde, les premières connaissances, ce sur quoi s'appuyaient, ce dont avaient l'usage les plus primitives sociétés de l'Asie et de l'Europe, nous en conclurons forcément que les Américains sont un peuple à part. »

L'examen, conséquence de ce raisonnement, et que les auteurs dont nous avons parlé n'ont point fait, nous allons le faire.

Aussi loin que nous pouvons remonter dans l'histoire de l'antiquité, nous trouvons les hommes pasteurs, agriculteurs ou chasseurs, c'est-à-dire en possession de troupeaux, d'outils et d'armes, armes et outils de fer, sans doute (1). Dès la plus haute antiquité, les peuplades de l'Asie connaissaient donc l'art de fondre le fer et l'industrie de rassembler les animaux en troupeaux. Ces arts-là ne s'abandonnent pas quand on les connaît ; tout ce qu'on peut faire, c'est de les perfectionner : nous avons pour preuve de cette assertion toute l'histoire. On ne peut croire que les Indiens eussent préféré une pierre pointue au lieu d'une pointe de fer au bout de leurs flèches, s'ils avaient connu les métaux, ni qu'ils eussent dédaigné les animaux domestiques, s'ils avaient jamais su que certains animaux peuvent s'apprivoiser et assurer la vie contre la disette et

Noël, Carpentier et Puissant.

(1) Fuit autem Abel pastor ovium, et Caïn agricola... Et erat (Nembrod) robustus venator coram Domino... Sella autem genuit Tubalcaïn qui fuit malleator et faber in cuncta opera æris et ferri... (*La Genèse*, chap. iv, v. 2. — Chap. ix, v. 9. — Chap. iv, v, 22.)

la famine. On ne le peut croire, surtout quand
on remarque avec quelle avidité ils se sont emparés de nos fusils, de nos haches, de nos cou-
teaux, quand on sait que ceux qui, comme les
Ottawas, les Creeks, les Choctas, les Tsallakies
(Chérokies), ont commencé à élever des troupeaux, n'ont point cessé cette occupation civili-
satrice.

L'écriture n'est point, non plus, un art moderne. On la fait remonter à dix-huit cents ans
et plus avant l'ère vulgaire. Les Indiens, quand
on a découvert l'Amérique, n'en avaient aucune
notion. Ils pouvaient représenter les faits au
moyen de grossières peintures; mais ces peintures n'étaient pas lisibles comme nos livres, elles
ne pouvaient que s'interpréter comme nos tableaux.

Donc, ou les premiers émigrants en Amérique
ne connaissaient point ces premiers arts, ou, les
connaissant, ils les ont perdus. Les avoir perdus,
sans les avoir remplacés par quelque chose de
meilleur ou d'équivalent, cela ne nous paraît
guère possible. Nous croyons bien plutôt qu'ils
les ignoraient. D'un autre côté, si ces émigrants
appartenaient aux premiers âges dont nous savons l'histoire, cette ignorance nous semblerait

Warden.

Tocqueville.

étrange. Les hommes étaient peu nombreux
alors, et tous devaient être en possession du petit
nombre de connaissances utiles. Le commerce,
la concurrence n'existant pas, le travail n'étant
pas un privilége, les instruments simplificateurs
du travail n'étaient pas le secret de quelques mo-
nopoleurs ; c'était le domaine, la propriété universelle, parce que chacun devait garder ses propres troupeaux, cultiver la terre pour soi, ou tout
au plus pour sa tribu. Considérons aussi que les
émigrants sont rarement les ignorants; ce sont,
au contraire, les plus résolus, les plus ingénieux
de la nation dont ils sortent, ceux qui sont capables de mettre à profit dans leur nouvelle patrie les arts, les sciences, les découvertes ou inventions de la patrie abandonnée.

Il nous faut donc, pour trouver dans le vieux
monde les premiers émigrants américains, ou
remonter plus haut que les temps génésiaques ou
descendre à des époques plus rapprochées de
nous. Plus haut que les temps génésiaques, ce
sont les âges cosmogoniques dont nous ne savons
rien. Les époques plus rapprochées de nous,
c'est la civilisation qui, loin de combattre les ob-
jections déjà énoncées, les multiplie. Comment,
en effet, dans cette dernière hypothèse, expli-

quera-t-on l'ignorance, l'état de barbarie des Américains, les différences anatomiques? Comment surtout expliquera-t-on toutes les étrangetés politiques, sociales, familiales que nous allons exposer?

Ce n'est pas en deux ou trois siècles, ce n'est pas en dix siècles que des hommes de même origine deviennent si différents les uns des autres.

Le mariage existe dans le vieux monde de toute antiquité; il existait aussi en Amérique, mais avec cette restriction qu'il était parfaitement dissoluble.

Lahontan, II, 135. D. S. Chateaubriand. Voyez Bancroft, c. xxc.

Le pouvoir suprême était bien parfois héréditaire, mais ce n'était point le fils qui succédait au père; c'était le fils de la sœur du chef, afin qu'il n'y eût point substitution d'un sang à un autre.

Chateaubriand.

Les mères nourrissaient leurs enfants, les amusaient avec des jouets, les portaient avec elles dans les champs; mais au lieu de les asseoir et de les coucher à terre, elles les pendaient aux arbres, comme le printemps ses fleurs sous le feuillage, afin qu'ils fussent caressés et bercés par le souffle de la brise et le chant des oiseaux; et si la mère venait à mourir, le nourrisson partageait la tombe de sa mère.

Id. Id. Id. Id.

Les enfants étaient punis quand ils avaient commis une faute, mais ils n'étaient ni injuriés ni battus; un jet d'eau froide lancé à la figure de l'enfant fautif était le plus terrible châtiment.

Les champs de maïs étaient cultivés, mais c'étaient les femmes qui étaient les laboureurs, les guerriers rouges considérant le travail comme indigne des héros-orateurs, car tout guerrier rouge était orateur et homme d'État.

Bancroft. Autour du feu du conseil, s'asseyaient à terre, en demi-cercle, sur deux ou trois rangs, les sachems munis de leurs pipes, et les délibérations commençaient. Graves et poétiques, les harangues se succédaient, et les conclusions de ces assemblées étaient ou des confirmations de paix, ou des déclarations de guerre. Les ambassadeurs sortaient de ces parlements en plein vent pour aller chez les nations alliées offrir le

Lahontan. calumet de paix, enterrer plus avant le tomahawk, ou bien les guerriers couraient planter,

ux de Rochelle. autour des wirowances ennemies, les flèches

Landonnière. ornées de chevelures, en signe de combat prochain.

Le code de guerre de l'homme rouge atteste sa liberté, dit Bancroft. Chaque parti ou détachement n'était qu'une bande de volontaires engagés pour une expédition, et rien de plus. Le chef ne devait point à sa naissance l'honneur de commander, mais à l'opinion qu'on avait de sa valeur. Celui qui en chantant la chanson de guerre avait pu s'attirer des compagnons était chef. Alors avaient lieu la danse de guerre et l'hymne d'adieu : « Si je meurs, ma bien-aimée, ne pleure pas sur moi, pleure sur toi. » Et la terrible guerre commençait, la guerre à coups de flèches, de couteau et de tomahawk, la chasse aux chevelures. Cependant le scalpel se reposait parfois; on faisait des prisonniers que l'on ramenait en triomphe dans la tribu : affreux triomphe pendant lequel on broyait entre deux pierres les mains du captif; on lui arrachait les Brœbeuf. doigts, on lui brisait les bras, on le mutilait, on le perçait, on le déchirait dans toutes les parties de son corps. Le prisonnier, pendant ce long Lahontan. supplice, chantait les chansons de sa tribu, insultait à ses bourreaux, se moquait de la faiblesse de leurs coups. Mais quand le cortége était arrivé au village des vainqueurs, la victime en lambeaux devenait l'objet de toutes les fêtes, de tous les régals; on l'entourait d'attentions et de soins; on lui donnait une jeune fille pour être la compagne de sa captivité et de ses dernières amours.

Ou bien, autre singularité plus bizarre encore, pour nous du moins, le prisonnier demeurait intact, on l'adoptait dans la tribu victorieuse, on lui donnait pour femme la femme d'un guerrier mort, la femme du guerrier sa victime parfois : il devenait ainsi le père des enfants qu'il avait faits orphelins, le fils de la mère dont il avait égorgé le fils. Il devait oublier la femme et les enfants qu'il avait laissés au wigwam pour la femme et les enfants de l'ennemi tombé sous sa flèche ou son tomahawk.

S'il n'y avait point de guerre avec les peuplades voisines, il y avait toujours la guerre aux animaux, la chasse qui revenait annuellement vers la chute des feuilles. Tout homme était chasseur. Les jeunes gens brûlaient du désir de le devenir, les vieillards s'efforçaient de le demeurer.

Avant de se mettre en marche pour ces expéditions, les chasseurs jeûnaient huit jours, pour savoir par songes en quels lieux se trouvait le gibier. La direction indiquée par la majorité des songeurs était adoptée par tous. On suppliait les esprits des animaux tués dans la chasse précé-

dente d'être favorables aux chasseurs; c'est-à-
dire, selon Chateaubriand, « qu'on priait les
ours morts de laisser assommer les ours vi-
vants. »

Pour cette guerre contre les fauves habitants
des forêts, les familles indiennes s'isolaient, éta-
blissaient leurs campements séparés sur le lieu
même de la chasse, qui durait toute la froide sai-
son. Au printemps, les camps étaient évacués, les
tribus se recomposaient en villages sur le bord
des ruisseaux, dans les meilleurs terrains, que les
femmes ensemençaient. Puis commençaient les
fêtes, les jeux, les luttes athlétiques, les danses,
les doux *far niente*, les longues fumeries, tous
les plaisirs de la vie sauvage.

Sont-ce là ou non les caractéristiques d'une
race nouvelle? Où trouverons-nous, dans l'Asie,
l'Europe ou l'Afrique, l'origine de ce feu du conseil, du calumet de paix, du tomahawk enterré,
des flèches empennées de chevelures? Qui a appris aux Indiens à faire succéder le neveu à l'on-
cle, au lieu du fils? A qui ont-ils pris cette coutume de scalper leur ennemi tombé, de se parer
de sa chevelure sanglante comme d'un trophée?
Où est née la vierge des dernières amours? D'où
vient la coutume de donner au prisonnier la

Laudonnière.

Mac-Kenney.

Idem.

femme et les fils du guerrier tué dans la bataille?
Et toutes ces particularités de la chasse, la prière
aux animaux immolés de laisser immoler les autres, les jeûnes, les songes pour savoir où est le
gibier?

C'est à tout cela qu'il faut trouver une origine
en Asie ou en Europe, si l'on veut soutenir que
les Indiens viennent de l'Europe ou de l'Asie.

Le mariage est dans la nature; la chasse, pour
sustenter la vie, est la première industrie de
l'homme de la nature. La guerre, l'association
des individus trouvent leur explication dans
l'essence même de l'homme; aussi, partout sur
la terre, a-t-on retrouvé ces éléments de l'humanité. Mais on n'en peut dire autant des différentes manières d'interpréter ces principes naturels. Pour cette interprétation, les individus,
les tribus, les nations, les races ont toute leur
liberté, exercent leur propre génie.

Voyons maintenant la religion.

Sur ce sujet aussi, les voyageurs, les historiens, les savants ont généralement aberré.

1 Montanus.

et.

Gomara. Jean de Léry.

Tous, craignant de voir se briser l'unité de la
race humaine, se sont hâtés de trouver des simi-
litudes de cultes ou de traditions entre l'ancien
et le nouveau monde. A les en croire, il y a de

tout dans les religions des Indiens : du christianisme, du judaïsme, du bouddhisme, du paga- Schoolcraft.
nisme. Ils n'ont pas osé y trouver du mahomé- John Delafield.
tisme, parce que le mahométisme est trop jeune ;
cependant, si le paradis des Indiens ressemble à
quelque chose, c'est certainement au paradis des
musulmans (1).

Sans aucun doute, on doit trouver des points
de rapprochement entre toutes les religions,
parce que toutes ont conservé le souffle primitif.
Quel ? Celui de l'homme qui les a inventées. Voilà
pourquoi, avant de comparer, il fallait généra-
liser, poser des principes. Doués des mêmes organes sous toutes les zones, soumis dans l'état
de nature aux mêmes vicissitudes, excités par
les mêmes besoins, les hommes primitifs ont dû
nécessairement ressentir les mêmes impressions,
se laisser subjuguer par les mêmes croyances.

(1) « Les sauvages les plus grossiers de ce continent ne re-
doutent point la mort comme l'extinction de l'existence : ils
espèrent tous un état à venir où ils seront à jamais exempts
des calamités qui empoisonnent la vie humaine dans sa
condition actuelle. Ils se représentent une contrée délicieuse, favorisée d'un printemps éternel, où les forêts abondent en gibier et les rivières en poissons, où la famine ne
se fait jamais sentir et où ils jouiront sans travail et sans
peine de tous les biens de la vie. » (Robertson, *Histoire de
l'Amérique*, liv. IV. Trad. Suard et Morellet.)

Il fallait donc remettre l'homme au milieu de la nature et l'examiner, l'étudier dans cet état précaire d'ignorance et de faiblesse. On aurait vu alors s'accuser, se développer toutes les superstitions, toutes les chimères dont l'homme s'est fait lui-même le jouet et la victime.

Dans cette condition, il est sous la dépendance de tout ce qui l'entoure. Mais comme il est incapable d'analyse, parce que l'analyse suppose des connaissances premières qu'il n'a point, il ne peut remonter aux causes. Il est si misérable, si peu puissant, qu'il n'imagine point d'abord un Tout-Puissant pour expliquer tout. Il faut un génie d'une force étonnamment supérieure, d'une force capable de diriger le monde, il faut un Moïse ou un Socrate pour découvrir un Dieu unique, maître de l'univers. Le sauvage, au milieu des forêts, qui demande sa subsistance à la chasse, à la pêche, aux fruits de la terre; qui poursuit le chevreuil, le daim, l'ours, le buffalo; qui récolte le maïs, le riz sauvage, les persimmons, les rawcomens, les kickories, etc. ; qui entend le vent souffler, déchirer les arbres, la foudre ébranler l'air; qui voit couler l'eau des fleuves et des fontaines; qui sent la chaleur du soleil, le froid de la glace et de la neige ; qui se sert de la clarté de la lune et des étoiles, recon- naît qu'il est sous la dépendance d'une multitude de choses. Il implore alors, il redoute, accuse ou *Bancroft.* vénère une multitude de puissances invisibles, types ou génies des animaux et des productions de la terre, des accidents de la nature et des élé- ments.

Une action, un mouvement, une existence au- tre que celle de l'homme, ce sont autant de puis- sances que son intelligence bornée ne peut expli- quer. Les nuages roulent, esprits; les oiseaux chantent, esprits; la cataracte se précipite, es- prit; le poisson nage, esprit...; c'est-à-dire, exis- tences, actions, accidents dont le sauvage ne peut expliquer la cause; causes inconnues, forces su- périeures, invisibles, esprits.

Mais le sauvage adorera-t-il toutes ces puis- sances qu'il ne connaît pas? Non ! Il les invo- quera, il les suppliera de ne lui point faire de mal, de lui être favorables; mais il ne sera point idolâtre, païen, comme l'ont dit certains mission- naires très-savants en fait de distinctions et définitions catholiques, très-ignorants en science et raisonnements philosophiques.

L'homme primitif, dans l'état de nature, tel que nous venons de le montrer, n'aura, ou plu-

tôt n'avait ni temples ni autels. Dans toute cette
grande étendue de territoire que nous avons visitée, en faisant l'ethnographie des tribus, il n'y
avait qu'un seul temple (chez les Natchez), si on
peut appeler cela un temple. Voici ce qu'en dit
Charlevoix :

« C'est un carré long d'environ quarante pieds
sur vingt de large, avec un toit tout simple de la
figure des nôtres. Il y a aux deux extrémités
comme deux girouettes de bois qui représentent
fort grossièrement deux aigles... Les dedans ré-
pondent parfaitement à ces dehors rustiques.
Trois pièces de bois qui se joignent par les bouts
et qui sont placées en triangle, ou plutôt égale-
ment écartées les unes des autres, occupent presque tout le milieu du temple et brûlent lentement... D'ornements, je n'en vis aucun, ni rien
absolument qui dût me faire connaître que j'é-
tais dans un temple. J'y aperçus seulement trois
ou quatre caisses rangées sans ordre, où il y avait
quelques ossements secs et, par terre, quelques
têtes de bois un peu moins mal travaillées que
les aigles du toit. »

On ne peut dire que ce soient là des idoles : cependant, si on veut les admettre comme telles,
il faudra avouer que ce n'est point dans l'état de

pure nature que les peuples sont idolâtres, c'est-
à-dire rendent des hommages à des simulacres
de divinités. Cela n'arrive qu'aux sociétés fran-
chement engagées dans la voie de la civilisation.
Les Natchez étaient de toutes les peuplades de
l'Amérique du Nord celle qui était la plus avancée dans cette voie. C'est du reste ce que nous
voyons dans toute l'histoire de l'homme. Les
cultes, les religions n'arrivent qu'avec les empires, les lettres, les arts et les sciences; et les premières religions sont toutes polythéistes, et polythéistes à la manière des Indiens de l'Amérique.
Car les Indiens, qui n'étaient rien en fait de religion quand on a découvert l'Amérique (nous
ne parlons ni des Natchez, ni des Mexicains, ni
des Péruviens), les Indiens seraient certainement
devenus polythéistes, parce qu'ils auraient formé
à la longue des républiques et des empires
comme le Mexique et le Pérou. Les Iroquois
avaient déjà jeté les premières bases de leur confédération républicaine. Les Grecs, les Égyptiens,
les Romains, les Gaulois, en un mot tous les peuples connus de l'antiquité, ont été trouvés polythéistes. Nous sommes persuadé qu'ils en étaient
arrivés au polythéisme par le chemin qui y con-
duisait les Indiens de l'Amérique. L'action,

8.

l'existence, les accidents de toute la nature autour d'eux avaient donné naissance aux esprits.
Les esprits ont dû prendre peu à peu les noms des
qualités ou des vices dominants chez les animaux
ou dans les objets dont ils étaient les génies ou
types surnaturels. De là les milliers de divinités
sous lesquelles s'est abîmé l'Olympe antique, divinités contemporaines de la fondation des premières sociétés politiques. Car ceci est un fait
bien remarquable et bien frappant dans l'histoire, tous les grands fondateurs de républiques
et de monarchies ont été en même temps des
chefs de religion ou tout au moins les adeptes et
les soutiens de religions nouvelles.... Etaient-ils
tous de la trempe du Mahomet que Voltaire a
produit sur la scène? Nous ne voulons point faire
de dissertation à ce sujet; la digression serait
trop longue : c'est assez, pensons-nous, de l'a-
voir indiquée.

Nous pourrions maintenant, nos principes po-
sés, faire la comparaison des fables indiennes
avec celles de toutes les autres mythologies ;
mais, en vérité, nous n'avons rien vu dans ces
rapprochements qui mérite l'attention du lecteur : ce sont des contes sans suite et sans portée.
En voici deux, arrangées par Chateaubriand :

nous prenons au hasard dans le recueil assez long que cet auteur a fait des traditions indiennes.

« Le Grand-Lièvre assembla, un jour, sur les eaux, sa cour composée de l'Orignal, du Chevreuil, de l'Ours et des autres quadrupèdes. Il tira un grain de sable du fond du grand lac, et il en forma la terre. Il créa ensuite les hommes des corps morts des divers animaux. »

« Athaënsic a planté, dans les îles du lac Érié, l'herbe à la puce; si un guerrier regarde cette herbe, il est saisi de la fièvre; s'il la touche, un feu subtil court sur sa peau. Athaënsic planta encore, au bord du lac Érié, le cèdre blanc, pour détruire la race des hommes; la vapeur de l'arbre fait mourir l'enfant dans le sein de la jeune mère, comme la pluie fait couler la grappe sur la vigne. »

Le lecteur voit, par ces deux exemples, ce que valent ces fables. Il n'y a rien là-dedans qu'on puisse raisonnablement mettre en regard des mythologies antiques. Des idées tronquées, des faits sans cohérence qui ressemblent à tout et ne ressemblent à rien. Les seuls rapprochements à faire, nous les avons faits en montrant que les divers polythéismes découlaient des mêmes principes.

Mais ce que nous pouvons comparer et qui a été le sujet d'une grande joie pour tous les sectateurs de la philosophie religieuse qui proclame l'existence d'un Dieu et l'immortalité de l'âme, c'est l'espèce d'immortalité à laquelle croyaient les Indiens et le Grand-Esprit, qu'ils adoraient.

Réduisons tout cela à sa plus simple et plus juste expression.

Pour l'immortalité, empruntons un petit passage à Bancroft. Cet auteur ne sera sans doute pas accusé de trop de philosophisme :

« La foi du sauvage dans l'immortalité, dit-il, était comme celle de l'enfant qui pleure sur le cadavre de sa mère et croit qu'elle vit encore. »

Parce que la destruction complète de l'homme répugne à l'homme et qu'il aime mieux croire à une sorte de voyage dans une région inconnue où les amis, les frères, les parents se retrouveront.

Robertson.

« Comme ils imaginent que les morts vont recommencer leur carrière dans le nouveau monde où ils sont allés, ils ne veulent pas qu'ils y entrent sans défense et sans provisions; c'est

Sagard. pour cela qu'on enterre avec eux leur arc, leurs flèches et les autres armes employées dans la chasse et dans la guerre; on dépose dans leur

tombeau des peaux et des étoffes propres à faire
des vêtements, du blé d'Inde, du manioc, du gi- Rochefort.
bier, des ustensiles domestiques et tout ce qu'on
met au nombre des choses nécessaires à la vie. »

Robertson considère cette coutume, généralement répandue en Amérique, comme la preuve
la plus forte de la croyance des Américains à une
vie à venir. Robertson peut être dans le vrai,
mais il se peut aussi que la coutume, ensemble
de cérémonies solennelles et frappant les sens,
fût généralement répandue, et la croyance faiblement partagée ou tout au moins faiblement
conçue, comprise. Ce qui nous fait penser ainsi,
c'est le mot de Bancroft, cité plus haut; c'est Chateaubriand, quand il dit : « Ce dogme n'était
pas distinctement exprimé. » C'est aussi la considération que les sauvages n'avaient pu et ne pouvaient faire la distinction de l'âme et du corps,
comme nous la connaissons. Cette croyance n'était donc qu'une idée vague qui n'avait de précision que dans la coutume des funérailles et le
but du voyage des décédés. L'idée leur avait été
donnée par quelque rêveur plus profond et plus
subtil qu'eux; ils l'avaient revêtue et chargée de
métaphores tirées de leurs habitudes et des objets de leurs convoitises. La philosophie de l'idée
avait passé, les métaphores étaient restées.

Quant au Grand-Esprit des sauvages dont on
a tant parlé, il est d'une invention ou d'une ré-
vélation toute récente. Les Indiens n'étaient point
assez avancés en raisonnement pour relier en un
seul et infini pouvoir toutes les puissances invisibles qu'ils reconnaissaient. Il semble tout d'abord
qu'il n'y a qu'un pas, qu'un raisonnement à
finir, tant de forces surnaturelles étant données,
pour arriver à l'affirmation d'un Grand-Tout.
Rappelons-nous cependant que dans la Grèce ci-
vilisée et philosophique, cette innovation n'a pu
passer qu'avec la mort de Socrate. L'esprit humain n'est ni si prompt ni si logique; il met
parfois bien longtemps à franchir les moindres
espaces. Il faut des nécessités ou des hasards
bien grands, il faut surtout de grands hommes
pour inventer ou pour faire des découvertes.
Mahomet avait besoin de l'unité divine pour imposer l'unité de sa personne et de son despotisme à ses compatriotes divisés; il défigure le
Dieu de Moïse et du Christ, le nomme Allah et
s'en fait le révélateur chez la race arabe. De
même au Pérou, quand s'y établirent les Incas;
il leur fallut inventer un seul Dieu pour servir
de base à leur seule autorité. Mais, en Amérique,
toute divinité étant puisée dans la nature, on
n'invoqua point un seul Dieu, puissance invi-

sible, universelle ; on invoqua l'unité du soleil.
Rien ne paraissait au-dessus de cet ardent fécon-
dateur de la terre.

Il ne faut donc pas nous étonner si l'idée de
cause première était si profondément enténébrée
dans l'esprit des indigènes de l'Amérique ; ils
avaient des génies, des types de tout ce qui tombait sous leurs sens ; ils n'avaient point aperçu,
pressenti le Grand-Tout , cause première de
toutes les puissances sous lesquelles ils se cour-
baient. Ils en étaient, sans doute, bien près, car,
dit Bancroft, dès que cette idée leur fut pré-
sentée , ils la saisirent , la comprirent et se l'ap-
proprièrent.

Ajoutons à cette explication de la religion des
Indiens, que chaque guerrier avait son manitou,
c'est-à-dire un oiseau, un animal, un poisson,
un lambeau d'étoffe, une pierre qu'il portait toujours avec lui comme son protecteur et son gardien. Cette superstition rentre parfaitement dans
leur système de génies et d'esprits. Les Indiens
sont sous le coup de puissances cachées, il leur
faut un intermédiaire entre eux et ces puissances.
Le manitou lui-même, puissance invisible, rem-
plit cet office, et l'énorme vide entre le faible habitant des grandes solitudes et les pouvoirs invisibles se trouve comblé.

Bancroft.

Chateaubriand.

Ces manitous ressemblent assez aux dieux domestiques des anciens. Mais on voit encore ici, comme dans toutes les ressemblances qu'on a trouvées entre les Américains et les peuples de l'ancien monde, on voit percer le génie particulier à chaque race. Le principe est le même, l'application est différente. C'est là ce que nous rencontrons sans cesse dans nos rapprochements et ce que beaucoup de nos devanciers n'ont point su ou n'ont point voulu comprendre.

La vérité nous contraint aussi d'accuser la manière dont ont procédé presque tous ceux qui se sont occupés des langues. Disons cependant que leurs grands travaux ont été et sont encore très-estimables et très-utiles ; leurs dictionnaires sont bons, leurs grammaires méritent attention. Mais ils se trompent dans la partie métaphysique du sujet. Ils comparent tout d'abord, sans principes ou restrictions préalables, ou basés sur de faux principes, et ils arrivent à des généralisations impossibles. Par ce système, ils se trouvent tout d'un coup dans un pêle-mêle de ressemblances et de dissemblances qui ont fait dire à Balbi : « Les nombreux idiomes de l'Amérique offrent encore un chaos interminable d'incertitude et d'obscurité ; » et à Klaproth : « Les langues

des sauvages de l'Amérique septentrionale ne
sont que de véritables jargons. »

Mais pénétrons plus avant dans ces diverses
comparaisons.

Les uns ont comparé les mots :

L'Amérique ne comprenait pas moins de douze *Valeur.*
cents dialectes ; on a tâché de s'en procurer les
vocabulaires pour les rapprocher de ceux de
toutes les langues connues de l'ancien continent,
afin de voir s'il n'y avait point de ressemblances
étymologiques : travail énorme, il est vrai, mais
méthode tant soit peu enfantine, quand on connaît la valeur réelle des étymologies, quand on
sait dans quelles dissemblances peuvent se perdre
les dérivés d'une même racine (1).

(1) Appuyons par des exemples : *Wig* et *perruque* sont dérivés du latin *pilus.* Qui le croirait ? de *pilus* les Espagnols ont
fait *peluca*; de *peluca* les Français ont fait *perruque*, que les Fla-
mands ont transformé en *peruick*, dont les Anglais ont fait
perwig et par contraction *wig.*—Au dernier siècle, en Angleterre, on divisa les champs au moyen de fossés : le peuple,
arrêté tout à coup dans sa marche par les fossés qu'il n'avait
point vus de loin, s'écria : « Ha ! ha ! » Et les fossés prirent
le nom de *haha.* En Amérique, on n'aperçoit les chutes de
Saint-Antoine que quand on a passé une pointe de terre .
qui les masque. Alors le voyageur voit la masse du Mississipi se précipiter d'une hauteur de seize pieds. Les premiers Indiens qui se trouvèrent en face de ce grand spec-
tacle poussèrent peut-être aussi, comme le paysan anglais

« D'ailleurs, dit Duponceau, comment trouver des affinités entre les langues américaines et les langues asiatiques, tandis qu'on n'en trouve point entre deux langues voisines, l'iroquois et l'algonquin, quoiqu'elles se ressemblent presque entièrement quant à la structure? »

Qu'on ne croie pas cependant, parce que nous rejetons cette méthode, qu'elle conclut contre nous : elle abonde au contraire dans notre sens.

Malte-Brun.

On trouve, dans Malte-Brun, ces rapprochements de mots, ou plutôt des racines de mots entre les langues américaines et les autres langues de tout l'univers. Voici comme un savant américain fait le résumé de ce travail :

Mac-Culloch.

«Ces analogies se réduisent à huit mots que l'on rencontre dans le copte et le japonais, onze dans le malais, cinq dans le sanskrit, vingt dans les langages de la côte occidentale de l'Afrique, huit dans le biscayen, dix-neuf dans le celte et neuf dans le caucasien. Mais ces points de comparaison ont été pris dans tous les langages de l'Amérique indifféremment, c'est-à-dire dans douze

à la vue du premier fossé, l'exclamation : « Ha! ha! » Et la chute a conservé ce nom chez les Sioux. Sans cette explication, que n'eût-on pas dit de l'identité de ces mots?

cent quatorze dialectes, d'après le professeur
Vater. »

D'où Malte-Brun conclut qu'il y a eu peut-être,
en Amérique, des émigrations des peuples par-
lant ces diverses langues ; mais comme il ne
trouve aucune analogie grammaticale entre ces
idiomes et ceux des Indiens, il ajoute :

« Aucune de ces émigrations n'a été assez nombreuse pour effacer le caractère originaire des
nations indigènes d'Amérique. Les langues de
ce continent ont reçu leur développement, leur
formation grammaticale et leur syntaxe, indé-
pendamment de toute influence étrangère. »

Nous n'allons point faire le procès en grand à
ce système, ni argumenter méticuleusement sur
les conclusions de Malte-Brun qui est au moins
raisonnable dans ses deux dernières lignes; nous
remarquerons seulement que ce sont les Africains
et les Celtes qui ont fourni les plus forts chiffres
d'analogies dans ces comparaisons : les Africains,
vingt, et les Celtes, dix-neuf. Voilà qui est bien
étrange et qui démontre l'inanité de ces rapprochements. Il est certain, autant qu'il peut y avoir
certitude sur ce sujet, qu'avant la découverte,
les Africains n'ont jamais eu de relations avec les

Américains; et les Celtes ont peut-être fondé une colonie dans l'Amérique du Nord (1).

Ceux donc qui se sont occupés de ces analogies se sont fourvoyés.

D'Annesac. D'autres savants plus méthodiques songèrent à procéder à leurs comparaisons d'autre manière.

Barton. Les racines, les étymologies sont trompeuses; les Indiens n'ayant point de langage écrit, les plus grossières erreurs pouvaient facilement se glisser. Il vaut mieux, se dirent-ils, faire des catégories de langages basées sur la nature de leurs formes, sur leurs différences et ressemblances grammaticales. Les langues, continuèrent-ils, d'après le savant ethnologue anglais Prichard, semblent être, de tous les traits caractéristiques des races humaines, celui qui se conserve de la manière la plus constante, et on les voit dans bien des circonstances se perpétuer chez les populations qui ont subi d'ailleurs d'énormes révolutions tant physiques que morales. Les évolutions de la civilisation ont tout changé dans le monde, hors les langues. Des inventions de toutes sortes ont tout remué; les vieux idiomes ont subi quelques

Charlevoix.

Prichard.

(1) C'est une question qui trouvera sa place dans le livre suivant.

transformations, mais au fond ils subsistent tou- Duponceau.
jours parfaitement reconnaissables. Ainsi « pendant 4,000 ans, le chinois est resté monosyllabique et dépourvu de liaisons grammaticales. Le
sanskrit et les langues de l'Inde qui lui ont succédé ont toujours été synthétiques. Le copte, jusqu'à son extinction, a eu un caractère mixte. Le
basque, entre la France et l'Espagne, entouré
d'ennemis, existe encore au centre des Pyré-
nées. »

Si donc nous trouvons quelque part une grammaire semblable à la grammaire indienne, nous
serons arrivés à la source des dialectes américains, et l'on saura d'où viennent les prétendus
indigènes du nouveau monde.

Basés sur ce raisonnement, qui semble tout
d'abord inattaquable, les linguistes ont pris ce
que nous appelons la grammaire générale pour
critère et en ont rapproché les langues indiennes; mais l'examen a été loin de produire ce
qu'ils attendaient.

Ils ont trouvé que les idiomes américains Bancroft.
avaient une physionomie sauvage, mais qu'ils Gallatin.
étaient presque exempts d'irrégularités, et sui-
vaient, au contraire, dans leur structure, un Duponceau.
plan systématique sans analogue connu.

Pour tout ce qui tombe sous les sens, les objets

et les accidents de la vie ordinaire, les expressions étaient nombreuses, tandis que, pour les sujets spirituels ou métaphysiques, les mots faisaient défaut.

Ce matérialisme dans le langage contribuait merveilleusement à la magnificence métaphorique des discours indiens. Ainsi *la prospérité* était *un soleil brillant* ou *un ciel sans nuage; établir la paix*, c'était *enterrer le tomahawk; les chagrins* et *les malheurs* étaient *des épines qui déchiraient les mocassins et perçaient les pieds; les mois* étaient *des lunes; les années, des neiges* ou *des chutes de feuilles*.

Ces étrangetés, qu'on apercevait à la première étude de ces langues, n'étaient rien; elles s'expliquaient plus ou moins bien par l'état sauvage dans lequel les Indiens croupissaient depuis si longtemps.

Mais quand on en vint à chercher les dix parties du discours, quand il fallut retrouver la grammaire générale, c'est alors que les difficultés se montrèrent et qu'on eût eu besoin de la toute-puissance d'un *fiat lux* (que la lumière se fasse!).

Il n'y a point de mots, à vrai dire, dans les langues indiennes. Il n'y a que des idées complexes, des phrases, sans séparation des parties constitutives. Comment saisir l'article, le nom, le pronom, le verbe? On essaya pourtant de porter le scalpel analytique sur ces agglomérations, afin de tailler des noms et des adjectifs à l'européenne; mais, bon gré, mal gré, on fut forcé d'avouer que les Indiens n'avaient point de noms ou substantifs. On ne rencontre point dans leurs langues les mots *père, mère, fils.* « Chaque nom, dit Brebeuf, impliquant relation, renferme toujours la signification de l'une des trois personnes du possessif. » Pour dire : Gloire au Père, au Fils et au Saint-Esprit, il fallait dire : Gloire à notre Père, à son Fils et à leur Saint-Esprit.

Brebeuf.

Bancroft.

Point d'article alors, et cela se comprend, puisqu'il faut que le nom soit accompagné d'un possessif.

Des adjectifs, c'est-à-dire des modificatifs du nom, comme nous les entendons, on ne peut dire qu'il y en eût; le nom n'était employé qu'avec des relations; de même le qualificatif ne pouvait être employé sans le qualifié.

Idem.

Le pronom n'existait que pour indiquer les personnes des noms et des verbes; ce n'était point, par conséquent, ce que nous appelons le *pronom,* un mot qui tient la place du nom.

Idem.

Dans le verbe se trouvait toute l'économie des langues indiennes; mais nous avons tort de dire dans le verbe, il faudrait dire dans la forme ver-

Idem.

bale; car, à vrai dire, il n'y avait point de verbes dans les langues indiennes. L'indigène de l'Amérique n'avait ni abstrait ni généralisé; par conséquent, il ne pouvait dire : *haïr, aimer ;* mais *il aimait sa maîtresse, il haïssait son ennemi* (1), c'est-à-dire que la forme verbale contient toujours l'objet de l'action du verbe. Comme d'ailleurs le nom n'allait jamais sans le possessif, il en résultait des expressions verbales contenant pronom, verbe et nom.

Une autre singularité : l'adjectif ou le nom pouvaient affecter la forme verbale, mais toujours avec cette complication, que le nom avait sa préfixe pronominale, et l'adjectif son continuel compagnon, le nom de la personne ou de la

(1) Et encore est-ce bien cela qu'il disait? Ces mots expriment-ils bien le sentiment ou l'idée qu'ils sont censés exprimer? L'amour du sauvage était-il semblable au nôtre? Chateaubriand dit que *j'aime ma maîtresse* signifie en indien *je suis heureux*. Qui sait si haïr son *ennemi* ne signifie pas *vouloir boire son sang?* La civilisation, les préjugés, la pudeur et la politesse ont tellement châtié nos langues, que ce ne sont plus que des signes et des sons conventionnels à l'aide desquels nous déguisons nos sentiments et nos idées Que dis-je? nous ne sentons plus, nous n'avons plus d'idées que suivant le bon plaisir des mots. L'idée et le sentiment du sauvage n'ont pu subir la même opération. S'ils en ont subi quelqu'une, elle a certainement été autre. Donc leurs idées, leurs sentiments et les expressions qui les rendent doivent différer des nôtres.

chose qu'il qualifie. Ainsi donc, un adjectif immêlé dans un substantif précédé du possessif pouvait prendre la forme verbale et affecter en outre toutes les formes exigées par les idées accessoires de temps ou de lieu, de négation ou d'affirmation, de condition, d'interrogation, etc.

Tout cela est bien loin de notre grammaire générale, et cependant nous n'avons fait qu'un court sommaire. Nous n'avons point pénétré profondément dans le système des langues indiennes, comme nous le ferons plus loin; nous ne voulions que montrer la route suivie pour arriver à cette conclusion :

« Les langues envisagées dans la nature de leurs formes sont dites *synthétiques* ou *analytiques*. On dit *synthétiques*, celles qui groupent ordinairement sous un seul mot l'expression de plusieurs idées; et l'on dit *analytiques*, celles qui indiquent par un mot distinct chaque idée accessoire. Celles des nations les plus sauvages sont les plus synthétiques; celles des nations les plus civilisées, les plus analytiques. »

Encyclopédie moderne.

A cette grande division on a joint comme annexe, comme genre à part renfermant des langues plus ou moins analytiques, plus ou moins

9.

synthétiques, le genre monosyllabique pour les langues de l'Asie (1).

En quoi cette division pèche, le lecteur le verra tout à l'heure : exposons, pour l'instant, comment cette méthode conclut aussi dans notre sens.

D'après Duponceau, les langues indiennes offrent une étonnante organisation qui les distingue de tous les autres idiomes du monde connu. Ce caractère particulier se retrouve dans tous les langages, du Groenland au cap Horn. Ce n'est point le langage monosyllabique de l'Asie, ni le langage analytique de l'Europe, c'est un système radicalement différent qu'il qualifie de *polysyn-thétique*, ou beaucoup composé.

(1) « Les langues monosyllabiques sont parlées par au moins 150 millions d'hommes. On les partage en deux familles principales selon que leurs signes graphiques représentent une idée ou une syllabe. La première comprend : le chinois, le tonquinois et le cochinchinois ; la seconde : le siamois, le birman, le laos et le cambodje. — Dans toutes ces langues, les mots pris isolément sont invariables. Les rapports des noms, les modifications des temps et des personnes se déduisent de la position des mots, ou s'indiquent par des particules séparées. Le même mot peut être substantif, adjectif, verbe, adverbe ou préposition, selon les cas : c'est l'intonation qui en fixe le sens. La construction est presque toujours inverse. La prononciation est en général douce et sonore. » (Extrait de l'article Linguistique de l'*Encyclopédie des gens du monde*.)

Ailleurs, le même auteur complète ainsi sa pensée :

« A l'aide d'inflexions, comme dans les langues grecque et latine, de particules, affixes et suffixes, comme dans le copte, l'hébreu et les langues dites sémitiques, de la jonction de particules significatives, comme dans le chinois, et enfin de syllabes et souvent de simples lettres intercalées à l'effet de réveiller une idée de l'expression de laquelle cette lettre fait partie, à quoi il faut ajouter l'ellipse, qui fait sous-entendre, les Indiens de l'Amérique sont parvenus à former des langues qui comprennent le plus grand nombre d'idées sous le plus petit nombre de mots possible. Au moyen de ces procédés, ils peuvent changer la nature de toutes les parties du discours : du verbe faire un adverbe ou un nom; de l'adjectif ou du substantif, un verbe; ils peuvent enfin former des mots à l'infini (1). »

Cet auteur avait dit plus haut dans le même ouvrage :

« Si l'on considère le langage humain comme faisant partie de l'histoire naturelle de l'homme,

---

(1) Aussi les missionnaires ne se sont-ils pas fait faute d'en inventer, avec plus ou moins d'habileté, pour servir à leurs explications.

les langues des indigènes de l'Amérique, sous le rapport de leur structure et de leur forme, peuvent être regardées comme un *genre* qui a ses espèces et ses variétés, mais où les traits génériques prédominent. »

La conclusion de cet ouvrage est :

« 1° Que les langues américaines, en général, sont riches en mots et en formes grammaticales, et que, dans leur structure complexe, on trouve le plus grand ordre et la méthode la plus régulière ;

« 2° Que ces formes compliquées, auxquelles j'ai donné le nom de *polysynthétiques*, paraissent exister dans toutes les langues, depuis le Groenland jusqu'au cap Horn ;

3° Que ces mêmes formes paraissent différer essentiellement de celles des langues anciennes et modernes de l'autre hémisphère. »

Ainsi, que l'on compare les mots ou la structure des langues indiennes avec la structure et les mots de toutes les langues de l'univers, on ne trouve point de ressemblance et l'on est obligé d'affirmer le caractère à part des idiomes américains.

Où trouverons-nous alors l'origine de ces langues ?

Dans la nature, comme nous allons le démontrer.

Au siècle dernier, Maupertuis conviait les savants et les philosophes à l'étude des langues des
peuples fort éloignés. « Ces langues, disait-il,
semblent avoir été formées sur des plans d'idées
si différents des nôtres qu'on ne peut presque
pas traduire dans nos idiomes ce qui a été une
fois exprimé dans ceux-là.

« Peut-être, pour retrouver les vestiges des
premiers pas qu'a faits l'esprit humain, les jargons des peuples les plus sauvages nous seraient-
ils plus utiles que les langues des nations les
plus exercées dans l'art de parler, et nous ap-
prendraient mieux l'histoire de notre esprit. A
peine sommes-nous nés, que nous entendons ré-
péter une infinité de mots qui expriment plutôt
les préjugés de ceux qui nous environnent que
les premières idées qui naissent dans notre esprit ; nous retenons ces mots, nous leur atta-
chons des idées confuses, et voilà notre provision
faite pour tout le reste de notre vie, sans que le
plus souvent nous nous soyons avisés d'appro-
fondir la vraie valeur de ces mots, ni la sûreté
des connaissances qu'ils peuvent nous procurer,
ou nous faire croire que nous possédons. »

Il y a certainement, dans ces lignes, un trait de génie. Maupertuis traverse d'un seul essor l'épais nuage de la fausse érudition et de l'obscure métaphysique pour joindre la vérité qu'il avait aperçue. Il indique une nouvelle route à suivre, tout en se plaignant qu'on marche toujours dans les vieilles ornières. Mais sa plainte et son appel ne furent point compris : rien ne portait alors à l'étude des langues. D'un autre côté, les hommes, la société factice du xviiie siècle n'avait qu'une foi médiocre dans les produits de l'intelligence brute ou naturelle. Le siècle inaugurateur de la science, mais de la science effet des combinaisons de l'esprit, ne pouvait imaginer qu'on trouverait de nouvelles sciences, « de nouveaux plans d'idées, » en étudiant les émanations vivaces de la nature. L'esprit se raffinant lui-même était tout pour cet âge qui a écrit le *Livre de l'esprit;* la nature, rien, ou presque rien pour ces hommes qui proscrivaient Jean-Jacques, l'amant de la nature.

Notre siècle, comprenant mieux les intérêts de la science et du progrès de l'esprit humain, s'est plongé, pourrait-on dire, dans toutes les études, pensant avec raison y trouver des données qui serviront à résoudre le problème de l'humanité.

Le langage écrit ou parlé est comme le fleuve-réservoir le plus vaste de l'intelligence humaine; on ne pouvait laisser ce grand courant inexploré. Les langues des peuples sauvages en forment un des plus considérables et des plus importants affluents. Aussi que de chercheurs dans cette source féconde ! Pour la seule Amérique (afin de rentrer dans notre sujet) ce sont : les Volney, les Guillaume de Humboldt, les Gallatin, les Barton, les Vater, les Duponceau et bien d'autres, ou plus anciens ou plus modernes; les Eliot, les Sagart, les Zeisberger, les Harvas, les Rasles, les Schoolcraft, les Leiber; et nous ne nommons que les spécialistes : nous passons sous silence les historiens et les voyageurs.

Malheureusement presque tous ces patients chercheurs n'ont point donné à leurs travaux la direction indiquée par Maupertuis. On dirait qu'ils n'ont voulu voir dans les langues indiennes que des traductions de nos idiomes européens ; comme s'il n'était pas possible d'avoir d'autres idées, de penser, de raisonner, de parler suivant d'autres plans d'idées que ceux de l'ancien monde.

Depuis plusieurs années, enfin, la marche illo-gique de ces recherches a frappé plusieurs savants observateurs, qui sont alors éntrés dans la voie de vérité qu'avait montrée le philosophe du xviiie siècle.

Ces savants se sont dégagés de la civilisation pour rentrer, autant que possible, dans la nature. Par un grand effort d'esprit ils se sont refaits enfants et sauvages, afin de trouver comment les peuples enfants ou sauvages ont pu procéder à la formation de leurs langues.

L'homme de la nature, disions-nous en parlant de la religion des Indiens, est sous la dépendance de tout ce qui l'entoure. De même, peut-on dire, chaque objet est dans une condition subordonnée. Il est subordonné à sa propre forme, à son existence, à la place où il se trouve, au rôle qu'il joue, modifications diverses que nous exprimons dans nos langues modernes au moyen d'abstractions.

Expliquons cela par un exemple : *ma plume est blanche*. Voilà quatre abstractions. Il n'y a point à proprement parler de *mien*, de *plume*, d'*existence*, de *blancheur*. Où sont les types de ces objets? personne ne saurait le dire. Comment a-t-on trouvé ces entités séparées? Comment est-on parvenu à formuler ces abstractions ? Au moyen de l'analyse. Supposons qu'au lieu de

(marges :) P. Leiber.   Schoo'craft.

quatre mots, dans l'exemple cité, nous n'en ayons qu'un : *maplumestblanche*, conservant la même signification que précédemment. Comment ferons-nous pour avoir quatre mots ? Nous abstrairons la possession, la forme, l'existence, la couleur, et nous aurons : *ma plume est blanche*. Mais pour arriver là, c'est-à-dire pour pouvoir abstraire, il faut analyser, il faut savoir ce que c'est que la possession, la forme, l'existence, la couleur. Le sauvage et l'enfant seront-ils capables de cette opération? Non certainement, leur intelligence est trop bornée, leurs connaissances trop minimes. Pourront-ils dire cependant : *ma plume est blanche?* Si leur langue est déliée et qu'ils soient en possession de quelques idées, ils l'exprimeront plus ou moins confusément. Mais ils n'auront ni analysé, ni abstrait; par conséquent, ils n'auront point de mots séparés, ou abstractions; ils n'auront qu'un mot : *maplumestblanche* Ce mot serait la synthèse de la phrase : *ma plume est blanche*, si le sauvage avait analysé sa pensée; mais comme il ne l'a point fait, ce n'est point, à vrai dire, une synthèse, c'est une *indivision*.

Voilà la clef du mystère des langues indiennes.

Conséquemment, Duponceau, en les appelant

polysynthétiques, a commis une légère erreur, que le docteur Leiber a corrigée en les qualifiant d'*holophrastiques* (1), ou indivisées; car le caractère général de ces langues est, en effet, d'exprimer des idées avec toutes leurs complexités, sans aucune division de parties, sans aucune abstraction de forme, de couleur, d'existence, de place ou de temps; et cependant ces diverses conditions se trouvent dans les mots indiens; mais rien n'est divisé. Exemples :

« *Quitagischgook.* — Espèce de serpent qui vit sous terre et ne sort que la nuit; — de *quitamen*, craindre; *gischgu*, jour, et *achgook*, serpent. »

« *N'schingiwipoma*, je n'aime pas à manger (à vivre) avec lui. — Ce mot est formé de *schinginomen*, ne pas aimer, précédé du pronom inséparable de la première personne *n'* et de *pomauchsin*, vivre; *wi* est une syllabe qui réveille plusieurs idées; le *w* (ou), pronom inséparable de la 3e personne, soit au commencement, soit à la fin de la forme verbale, réveille l'idée de *lui* et *wi* celle d'*avec*... (2) »

_____

(1) Ολος, entier, et φραεω, dire.

(2) Dans ces exemples extraits textuellement du *Mémoire sur les langues indiennes*, le lecteur doit s'apercevoir que Duponceau fait dériver ses agglomérations ou *agglutinations*,

On voit par ces exemples qu'il y a cependant certaines voyelles, consonnances ou syllabes qui ont fixé certaines idées. C'est que les Indiens n'en étaient déjà plus à l'enfance première de leurs langues, quand les Européens ont pénétré en Amérique. Ils avaient déjà pratiqué instinctivement l'analyse et s'en servaient; mais il n'est pas douteux que, dans le principe, lorsque le nombre de leurs idées était très-restreint, ils n'avaient qu'un petit nombre de mots pour exprimer des idées excessivement compliquées; mais l'activité presque incessante de l'esprit humain, travaillant et ressassant ces mots et ces idées complexes, dut promptement se servir de ces premiers éléments pour former d'autres mots au moyen d'additions et de suppressions.

Cette complication, cet holophrasme d'idées dans les langues indiennes est très-curieux; elles deviennent par ainsi l'anneau premier de la chaîne des idiomes humains dont le dernier est peut-être le français, tant cette langue est analytique.

comme dit Gillaume de Humboldt, de mots simples; mais Duponceau se trompe, c'est le contraire qui est vrai : des expressions, des idées compliquées, sont venus les mots, les idées plus simples; nous l'avons démontré plus haut.

On pourrait remonter cette chaîne en donnant
à chacun des anneaux un nom de langage. L'i-
talien et l'anglais occupent des anneaux très-rap-
prochés du français; l'allemand est déjà plus
haut; le latin et le grec au-dessus de l'allemand.
Le sanskrit doit beaucoup se rapprocher des langues indiennes, qui occupent les premiers anneaux avec le basque et toutes les langues des
peuples sauvages nouvellement découverts.

Maintenant nous demanderons: Quels rapports
peut-on trouver entre les idiomes américains et
ceux des autres peuples de la terre? Et nous ré-
pondrons : Nul autre que celui-ci : ils sont plus
ou moins holophrastiques, ou, si l'on veut, plus ou
moins analytiques (1). Les quelques racines semblables sont ou des hasards ou des expressions
importées à des époques très-récentes, mais qui
n'indiquent nullement que les nations de l'Amérique aient emprunté leurs langues à tel ou tel

---

(1) Et c'est, croyons-nous, au moyen de ces deux mots
(*holophrastiques, analytiques*) que l'on peut établir des catégories de langages humains. Il faut tout au moins ne
plus se servir du mot *synthétiques* pour qualifier les
idiomes des peuples sauvages. Les sauvages ne peuvent
connaître la synthèse, puisque cette opération de l'esprit
n'arrive qu'après l'analyse, et qu'ils ne connaissent point
l'analyse.

peuple de l'ancien continent; car, ce qui est bien plus fort quetoutes les racines, d'ailleurs contes-tables, c'est que le génie des idiomes de ces peu-ples est le génie de la langue primitive ou natu-relle.

RÉSUMÉ.

Résumons toute cette longue dissertation pour en tirer, s'il se peut, des conclusions.

On a découvert des traces de voyages en Amé-rique antérieurs aux expéditions de Colomb; on voulait que toutes les races humaines fussent sorties d'un père commun ; on s'est appuyé sur ces voyages vrais ou faux pour avancer que les Tartars avaient passé dans l'Amérique et l'avaient peuplée. Au premier abord cela paraissait vrai. Il n'y a pas de peuples qui aient entre eux plus de ressemblance que les Américains et les Mongols, mais ajoutons : en apparence; car ils diffèrent par la conformation du crâne, l'air du visage, l'angle facial, la qualité des cheveux, le caractère moral, les habitudes, les croyances religieuses, les principes grammaticaux, le vocabulaire de leurs langues, etc., etc.

Les Américains sont des hommes, disait le missionnaire Brebeuf. C'est seulement dans cette qualité qu'on peut trouver des ressemblances entre les habitants du nouveau monde et ceux de l'ancien. C'est-à-dire que les Américains avaient les passions, le génie, les faiblesses, les besoins ds l'homme, absolument comme les Européens et les Asiatiques. Comme ceux-ci, ils ont cherché leur subsistance, se sont associés contre les dangers de toutes sortes qu'ils avaient à redouter ; comme ceux-ci encore, ils ont inventé des langues pour communiquer entre eux, des armes pour se faire la guerre, des jeux, des fêtes, des danses, des chants pour égayer leurs loisirs ; comme ceux-ci enfin, ils se sont courbés sous le joug de la folie et de l'erreur, et ont trempé leurs mains sacriléges dans le sang de leurs frères, en croyant faire saintement et justement. Mais à cela se bornent les ressemblances; tout le reste n'est que chimères, esprit de parti ou de système, manque de connaissances ou de raisonnement.

D'où sont donc venus, de qui descendent les Indiens de l'Amérique?

Nous n'avons jamais eu la prétention de répondre catégoriquement à cette question. Nous voulions rendre claire, évidente, l'outrecuidance de ceux qui ont avancé, sans études préalables, ou tout au moins sans logique, peut-être sans bonne foi, qu'il était impossible que les Américains ne fussent pas les enfants de tel ou tel personnage illustre dans des livres qu'on appelle divins; mais c'est là tout ce que nous voulions. Nous sommes (sauf réserves et explications) de l'avis de Humboldt quand il dit :

« Le problème de la première population de l'Amérique n'est pas plus du ressort de l'histoire que les questions sur l'origine des plantes et des animaux ne sont du ressort des sciences naturelles. L'histoire, en remontant aux époques les plus reculées, nous montre toutes les parties du globe occupées par des hommes qui se croient aborigènes parce qu'ils ignorent leur filiation. Au milieu d'une multitude de peuples qui se sont succédé et mêlés les uns aux autres, il est impossible de reconnaître avec exactitude la première base de la population, cette couche primitive au delà de laquelle commence le domaine des traditions cosmogoniques........ Lorsqu'on aura mieux étudié les hommes bruns de l'Afrique et cet essaim de peuples qui habitent l'intérieur et le nord-est de l'Asie, et que des voyageurs systématiques désignent vaguement sous le nom de *Tatars* ou de *Tschoudes*, les races caucasienne, mongole, américaine, malaye et nègre paraîtront moins isolées, et l'on reconnaîtra dans cette grande famille du genre humain un seul type organique, modifié par des circonstances qui nous resteront peut-être à jamais inconnues. »

Certainement il n'est pas de dernière impossibilité qu'on en vienne avec le temps à trouver le type organique du genre humain; mais cette découverte, qui sera peut-être le dernier mot de la science, ne nous paraît point très-prochaine. En tout cas, comme il n'est point non plus impossible que ce type, quoique un, accuse des manifestations diverses, comme la lumière, une dans son type, brille de mille manières différentes, nous croyons au moins hasardeux de nous en tenir à des conjectures d'autant plus sujettes à erreur qu'elles veulent trop expliquer. Examinons ce que nous avons sous la main et tâchons d'en faire usage. Nous trouvons diverses races d'hommes; dans l'état actuel de la science, il est impossible de faire sortir le noir et le rouge du blanc, le blanc et le noir du rouge, le rouge et le blanc du noir. Nous avançons hardiment que, s'il nous est impossible de trouver la filiation, c'est que cette connaissance nous est pour l'instant inutile. A chaque âge suffit sa science; et cette science, quelque minime qu'elle soit, porte toujours avec elle de grands enseignements.

Aujourd'hui tout semble prouver la diversité des races et M. Ramond écrit :

« Au temps de la manifestation de la puissance créatrice, celle-ci a répandu à la fois dans toutes les parties de notre planète des types dont l'organisation est assortie à la condition physique de chaque localité. »

Bel acte de foi qui nous paraît bien valoir celui que certains font à la descendance multicolore de Noé !

La science de demain ne sera point la science actuelle ; de nouvelles leçons en découleront, qui, sans être contraires à celles d'aujourd'hui, seront cependant autres. Cette considération ne doit avoir sur nous qu'une influence : nous empêcher d'entreprendre sur l'enseignement futur avant d'avoir pénétré les secrets de la science qui l'établiront.

Aussi n'approuvons-nous pas Humboldt dans la dernière partie du passage que nous avons cité plus haut. Il conjecture trop. Les physiologistes, à l'heure où j'écris, prouvent peut-être la génération spontanée. Qui sait ce qui peut sortir de là ?... La diversité des races va peut-être devenir une vérité incontestable...

Mais, nous dira-t-on sans doute , vous brisez la fraternité humaine. — Notons que ceux qui nous le diront seront, à peu d'exceptions près, des partisans de l'esclavage des noirs et des approbateurs de l'extermination des rouges. — Mais que cette fraternité soit brisée ou non, la vérité doit être le premier devoir de celui qui s'occupe de ces graves questions.

Nous n'admettons point cependant que cette doctrine la brise ; les hommes ne sont pas frères seulement par la chair et le sang ; ils sont frères par la similitude des organes et des besoins; ils sont frères surtout par les qualités morales, par l'intelligence, par le génie; ils sont frères, enfin, parce qu'ils veulent l'être, parce qu'ils savent qu'ils ne trouveront l'unité que dans la fraternité!

FIN DU PREMIER LIVRE ET DE LA PREMIÈRE PARTIE.

NOTES

DU

LIVRE PREMIER

NOTE A.

Ce chapitre sur l'histoire ancienne des Indiens était terminé, ce livre même et le deuxième livre étaient terminés, quand, en relisant l'*Histoire de la Floride*, de Laudonnière, nous avons trouvé l'emplacement d'Aztlan, juste dans la contrée où nous l'avions placé par raisonnement. Que le lecteur juge de notre propre satisfaction ; toutes nos conjectures sur le berceau des Aztèques, des Toltèques et des Chichimèques, devenaient des vérités. Nos recherches, nos calculs, notre sévère critique des autorités, et peut-être un peu de bon sens, nous avaient indiqué le véritable point de départ des envahisseurs du Mexique.

« On saura, dit Humboldt (*Vues des Cordillières*, 70), l'origine des Toltèques, des Chichimèques, des Acolhues et des Aztèques, si jamais on retrouve dans le nord de l'Amérique ou de l'Asie, Huehuetlapallan, Aztlan, etc. »

Eh bien ! Laudonnière (*Histoire de la Floride*, Paris, 1856, ou Paris, 1853, édition Janet, pages 2 et 3), divisant l'Amérique en trois parties :

La Nouvelle-France (du 25° au 54° lat. n. et du 210° au 330° de longitude),

La Nouvelle-Espagne,

Le Pérou,

dit, en parlant de la Nouvelle-France :

« La partie orientale est la Norumberge. »

« *En la partie* occidentale, *il y a plusieurs terres re-*connues comme *la région de* Quivira, **Cévola,** Astatlan
et Terlichichimeci. »

« La partie méridionale se nomme la Floride. »

Voilà donc Aztlan, le point de départ des Aztèques, trouvé, et la souche des Chichimèques (*Terlichechimeci*) découverte. Les Mexicains ne sont ni des Asiatiques ni des Africains.

NOUVELLE AUTORITÉ.

Dans l'*America* de John Ogilby je trouve, page 31 :

« In the american city Norumbega live a people that speak the same language and obverve the same customs with the Mexicans. »

«Dans la Norumberge américaine se'trouve un peuple qui parle le même langage et observe les mêmes coutumes que les Mexicains. »

Ce peuple était sans doute quelque tribu allighewienne qui aura fui devant les Iroquois, et se sera établie dans ces régions orientales.

Nous pourrions donner encore d'autres preuves de la parenté des tribus de la vallée du Mississipi avec les Mexicains; mais ce sont des observations ou considérations liées à d'autres faits qui auront ailleurs leur place obligée. Consignés d'abord ici, ces faits feraient double emploi, et c'est ce que nous désirons éviter. D'autre part, le surcroît de preuves que nous annonçons ne perdra point de sa valeur pour être placé dans un autre chapitre.

TABLE